MAISONS
ET
ÉCOLES COMMUNALES
DE LA
BELGIQUE

DESSINÉES & MESURÉES
par
BLANDOT, ARCHITECTE,
et accompagnées d'un texte Descriptif & Explicatif

PARIS & LIÉGE
NOBLET & BAUDRY, ÉDITEURS
à Paris, 15, Rue des S.ts Pères.
1864.

Bien qu'un très-grand nombre d'écoles communales aient été construites depuis quelques années dans les diverses provinces de la Belgique, il existe on le sait, un nombre considérable de localités, même importantes, qui ne sont pas pourvues encore de bâtiments d'école convenables.

Cependant l'attention sérieuse dont l'enseignement primaire est actuellement et universellement l'objet, les sacrifices si considérables que l'Etat, les provinces et les communes savent s'imposer pour mettre partout les locaux servant à l'instruction en harmonie avec les exigences pédagogiques de l'enseignement et les prescriptions de l'hygiène, donnent lieu de penser que bientôt toutes ces localités, jusqu'aux plus modestes, se trouveront amenées à construire les maisons d'école qui leur manquent.

Or, les plans relatifs à ce genre de constructions demandent à être étudiés avec un soin spécial; et, à plus d'un point de vue, ils offrent des difficultés d'exécution qu'un architecte habile parviendra sans doute à surmonter, mais que la pratique seule fait connaître... Dans l'hypothèse où ces plans ne réuniraient pas toutes les conditions voulues, que de temps perdu en écritures administratives et en rectifications plus ou moins satisfaisantes!

Dans ces circonstances, et comme on ne trouve aucun ouvrage reproduisant les bonnes écoles qui, déjà, ont été érigées dans les villes et dans les campagnes, nous avons cru faire chose utile en préparant un travail de ce genre. Nous avons recherché et reproduit les meilleures écoles construites dans les neuf provinces de la Belgique, et c'est ce Recueil que nous publions aujourd'hui.

Nous nous y sommes déterminé par la pensée que notre œuvre peut être d'une utilité très-grande aux architectes et aux Administrations communales. Celles-ci y trouveront en effet des plans longuement, sérieusement étudiés et dont toutes les dispositions sont, après un examen minutieux, reçu l'approbation du Gouvernement.

Cette publication se composera des plans, coupes et élévations de chaque école. Un plan général y sera joint chaque fois qu'il pourra présenter quelque indication avantageuse. Un texte explicatif sera donné avec les dernières livraisons de la publication.

Les planches se divisent en 7 catégories:

1º Ecoles, avec logement d'instituteur, pour 30 à 40 enfants du premier âge (sexes réunis).
2º Ecoles, avec logement d'instituteur et salle communale pour 40 à 80 enfants (sexes réunis).
3º id. id. id. id. 80 à 100 id. id. avec Justice de Paix.
4º id. id. d'instituteur, d'institutrice et salle communale pour 150 enfants.
5º id. id. id. id. id. avec Justice de Paix.
6º Ecoles pour les villes.
7º Ecoles gardiennes et salles d'asile de ville et de campagne.

L. BLANDOT.

PROGRAMME (1)

DU

26-27 JUIN 1852

RELATIF AU

MODE DE CONSTRUCTION ET D'AMEUBLEMENT

DES

MAISONS D'ÉCOLES

PROGRAMME.

§ 1er. *Emplacement.*

Le terrain choisi pour la construction de l'école doit être sec, aéré, pourvu d'eau de bonne qualité, et, autant que possible, dans une position élevée et isolée, à la campagne; et dans les villes, complètement séparé des habitations voisines; il doit être à l'abri de toute influence miasmatique et situé de manière que les bruits du dehors ne puissent troubler l'ordre et le silence. En outre, dans les communes rurales, l'abord doit en être facile et dégagé de tout ce qui pourrait l'obstruer, le rendre humide ou malsain, ou présenter du danger pour les enfants. La proximité de l'église facilitera aux élèves la fréquentation de l'office divin et, à l'instituteur, l'exercice des fonctions accessoires de clerc, sacristain ou organiste, dont il peut être chargé. Toutefois les avantages de cette proximité ne peuvent balancer les inconvénients qui résulteraient du voisinage trop rapproché du cimetière, qu'il importe d'éviter avant tout.

§ 2. *Exposition et étendue du terrain et des bâtiments.*

L'étendue du terrain et des bâtiments sera en rapport avec leur destination.
Dans les villes il doit y avoir des préaux séparés pour les élèves des deux sexes, et, en outre, dans les campagnes, un jardin, un petit champ de culture ou un emplacement pour une pépinière.
La dimension des préaux peut être calculée à raison de 3 mètres de superficie par élève. L'exposition des salles d'école, c'est-à-dire des fenêtres destinées à les éclairer, doit être, autant que possible, au sud-est et au nord-ouest, de manière à les placer à la fois à l'abri des grands froids comme des chaleurs excessives, tout en facilitant, le matin et l'après-midi, l'accès des rayons solaires.

§ 3. *Mode de construction.*

Les salles d'école seront autant que possible, disposées au rez-de-chaussée; si celui-ci était insuffisant, la classe des filles serait disposée à l'étage, de préférence à celle des garçons. On aura égard, pour la bâtisse, aux règles essentielles qui doivent présider aux constructions en général.
On évitera soigneusement tout ce qui pourrait engendrer ou entretenir l'humidité : à cet effet, on emploiera pour les fondations des matériaux imperméables. Le sol des salles sera planchéié ou carrelé, en prenant les précautions nécessaires, pour qu'il soit toujours parfaitement sec.
L'accès des salles sera, s'il se peut, protégé au moyen d'un porche ou d'un péristyle qui intercepte l'air extérieur.
Il n'y aura qu'une marche à l'entrée.
Lorsqu'il y aura une salle d'école à l'étage, il conviendra d'apporter un soin tout particulier à la construction de l'escalier. On évitera de le faire déboucher directement en face d'une porte ou d'un corridor; les marches auront, autant que possible, 0m30 de largeur, 0m16 d'élévation et 1 mètre de longueur au moins. La rampe sera solidement fixée à hauteur d'appui des enfants.
Il est désirable qu'il y ait un palier par 15 marches au plus.
On pourra juger nécessaire de combiner, dans certains cas, particulièrement dans les communes rurales, la construction de

---

CHANGEMENTS PROPOSÉS PAR LA COMMISSION CENTRALE.

§ 1er. *Emplacement.*

Pas d'observations.

§ 2. *Exposition et étendue du terrain et des bâtiments.*

Supprimer les mots : dans les villes, attendu qu'il convient de rendre la prescription applicable aux écoles des communes rurales.

§ 3. *Mode de construction.*

Prescrire des entrées séparées pour la classe des filles et celle des garçons.
Le plancher a beaucoup de sonorité, et, dans les écoles des communes rurales où les élèves viennent en sabots, on devrait le remplacer par un carrelage ou une couche de ciment.
Interdire toute communication entre la salle d'école et l'habitation de l'instituteur.
Remplacer les 1° et 4° de l'avant-dernier paragraphe par une disposition ainsi conçue : Une cuisine, servant aussi de salle à manger, avec lavoir de cuisine contigu.
Défendre de cintrer les plafonds.
Attirer l'attention des personnes chargées de dresser les plans sur les avantages que présente la forme rectangulaire pour la salle d'école proprement dite. Cette forme permet de placer trois rangées de pupitres de front en laissant des couloirs d'une largeur suffisante entre les différentes classes, ce qui facilite la besogne de l'instituteur tout en étant favorable aux progrès des élèves et au maintien de la discipline. »

---

(1) Ce programme, arrêté par le Gouvernement belge avec les modifications que nous indiquons et consenties par lui, a servi jusqu'à ce jour de règle en ce qui concerne les constructions d'écoles. En s'inspirant des principes qu'il consacre, les architectes ont pu produire des plans donnant satisfaction aux besoins multiples de l'enseignement primaire, tout en tenant compte des ressources, souvent limitées, mises à leur disposition.

(*Note de l'auteur.*)

PROGRAMME.	CHANGEMENTS PROPOSÉS PAR LA COMMISSION CENTRALE.
l'école avec celle de la maison communale. Il pourra aussi être utile d'y joindre une habitation pour l'instituteur. Les adjonctions doivent être disposées de manière à ne nuire en rien aux convenances spéciales de l'école. Chaque local aura son entrée séparée. Si le terrain est insuffisant, il serait même à désirer que l'habitation de l'instituteur fût complètement isolée au local affecté aux élèves. Cette habitation devrait contenir au moins les pièces suivantes : 1° place à manger; 2° cabinet d'étude pour l'instituteur, ou l'on puisse recevoir les parents et les visiteurs de l'école; 3° trois chambres à coucher; 4° cuisine; 5° cave; 6° grenier; 7° lieux d'aisances; 8° petite étable, dans les communes rurales. Il convient enfin de prévoir l'augmentation possible du nombre des élèves, et, par suite la nécessité d'agrandir l'école sans nuire à ses dispositions essentielles.	
§ 4. *Aspect intérieur.*	§ 4. *Aspect intérieur.*
Les bâtiments doivent être d'un aspect simple sans être dépourvus d'élégance. Leur architecture révélera en quelque sorte, leur destination spéciale. Le style généralement adopté pour les écoles en Angleterre, dans son apparente irrégularité, se prête parfaitement aux combinaisons variées qu'exigent la distribution et l'hygiène.	Pas d'observations.
§ 5. *Distribution intérieure, séparation des sexes, division des classes.*	§ 5. *Distribution intérieure, séparation des sexes, division des classes.*
Les règles relatives à ces divers points sont surtout du ressort de la pédagogie. La dimension des salles d'école doit dépendre de la méthode suivie pour l'enseignement. En admettant l'enseignement simultané, perfectionné, il doit y avoir, autant que possible, un local séparé pour chaque classe de cinquante à soixante élèves; seulement, dans les cas exceptionnels, ce nombre pourra être élevé à quatre-vingts ou quatre-vingt-dix enfants, sous la direction d'un instituteur ou d'un sous-maître spécial. Quant aux sexes la division peut avoir lieu, dans le même local, en assignant des bancs séparés aux garçons et aux filles.	Modifier le § 1er en ce sens qu'il sera défendu de placer plus de cent élèves dans une même salle. Ajouter au § 2 : les filles seront placées derrière les garçons.
§ 6. *Dimension des salles.*	§ 6. *Dimension des salles.*
La dimension des salles d'écoles doit être en rapport avec le nombre d'élèves, qu'elles sont destinées à recevoir. A la rigueur, il suffit d'une superficie de 64 décimètres carrés par élève (un carré ayant 8 décimètres de côté) indépendamment de l'espace à laisser pour les couloirs, l'estrade de l'instituteur, etc., etc. La capacité doit dépendre, en grande partie, du plus ou moins de perfection et d'activité de la ventilation. Elle ne peut, en aucun cas, être inférieure à 6 mètres cubes par enfant. Ainsi, par exemple, pour cinquante élèves, il faudrait une salle de 10 mètres de long sur 7 mètres de large et 4^{m}30 de haut.	Maintenir la première disposition et modifier les deux autres ainsi qu'il suit : « Il suffit d'une superficie de 75 à 80 décimètres carrés par » élève, y compris l'espace à laisser pour les couloirs, l'estrade » de l'instituteur, etc. » La hauteur des salles sera de 4^{m}30 et de 4 mètres au » minimum. » La capacité doit dépendre en grande partie du plus ou » moins de perfection et d'activité de la ventilation. Elle ne » peut, en aucun cas, être inférieure à 3 1/3 mètres cubes par » enfant. »
§ 7. *Distribution de la lumière.*	§ 7. *Distribution de la lumière.*
Les fenêtres des salles doivent être disposées, autant que possible, des deux côtés opposés, de manière que la lumière vienne tomber latéralement sur les pupitres des élèves. Elles auront les dimensions ordinaires, c'est-à-dire 1^{m}20 à 1^{m}30 de largeur, sur 2^{m}50 à 2^{m}70 de hauteur. Leur superficie totale sera au moins égale au vingtième de la capacité cubique de la salle. Les carreaux inférieurs peuvent être en verre dépoli, pour empêcher la vue des objets extérieurs ; les carreaux supérieurs seront disposés de manière à pouvoir s'ouvrir à volonté, afin de faciliter l'action de la ventilation. Les côtés et le bas des baies des fenêtres doivent être évasés, pour faciliter l'introduction de la lumière. Si l'on se trouve dans l'impossibilité de les disposer des deux côtés de la salle, il importe au moins de les établir à la gauche des élèves. Les portes, comme il a déjà été dit, seront placées de façon à éviter les courants d'air désagréables ou dangereux.	Après les mots : il importe au moins de les établir à la gauche des élèves, ajouter ceux-ci : « et de pratiquer des » fenêtres supplémentaires dans le mur auquel sont adossés » les élèves. »
§ 8. *Ventilation et chauffage.*	§ 8. *Ventilation et chauffage.*
La ventilation et le chauffage doivent être combinés de manière à maintenir dans les salles quelle que soit la saison, une température moyenne de 14 à 15 degrés centigrades, et à effectuer, à chaque heure, le renouvellement complet de l'air contenu dans chaque salle. A cet effet, on aura recours aux ventilateurs dont l'application est généralement faite ou recommandée dans tous les lieux de réunion : ouvertures à coudes pratiquées de distance en distance dans les murs extérieurs, à 1^{m}80 ou 2 mètres de hauteur, recouvertes de toile métallique et munies de régistres modérateurs, et conduits, en forme d'entonnoir, établis dans le plafond et s'élevant à 1 mètre ou 1^{m}50 au-dessus de la toiture. Le nombre des ouvertures pour l'introduction de l'air frais et des conduits ou cheminées pour l'évacuation de l'air vicié, doit dépendre de l'étendue des salles. Une seule cheminée d'évacuation suffit dans une salle de dimension ordinaire. Le chauffage, en hiver, peut sans grande dépense être combiné avec la ventilation, en recourant au système des poêles Peclet, à double enveloppe, qui est usité dans un grand nombre d'établissements publics.	Établir les ventilateurs à 2 mètres de hauteur et dans les angles de la salle. Ne pas exiger d'une manière absolue l'emploi des poêles Peclet.

Liége.—Impr. de Fréd. ALVIN-BERNARD.

PROGRAMME.

§ 9. *Préaux ou cours d'exercice.*

Les préaux ou cours d'exercice seront clos de murs et, de préférence, de haies à la campagne; garnis de quelques arbres qui donnent de l'ombre; le sol sera battu et tassé, et il sera pourvu à l'écoulement des eaux, de manière à éviter l'humidité. Quelques appareils gymnastiques, simples et peu coûteux, des barres transversales, un trapèze, etc., un pas de géant, pourront servir à varier les exercices et les jeux des enfants pendant les récréations.

Il convient aussi qu'il y ait, dans chaque préau, une fontaine ou une pompe qui fournisse une eau pure pour les ablutions et la boisson des enfants.

§ 10. *Lieux d'aisances, lavoirs, vestiaires.*

L'utilité d'un lavoir et d'un vestiaire pour chaque sexe est incontestable; il convient de les disposer à l'entrée de chaque division. Le vestiaire, qui peut en même temps servir de préau couvert, doit être garni de quelques bancs, de porte manteaux numérotés et des planches ou casiers pour déposer les paniers des enfants.

Les sièges d'aisances doivent être séparés pour chaque sexe, divisés au moyen de compartiments et établis de manière à être complètement inodores, et, en communication à couvert avec les salles d'école. Ils doivent pouvoir être surveillés aisément par l'instituteur, de la place qu'il occupe d'ordinaire dans la classe. Les sièges doivent être proportionnés à l'âge et à la taille des enfants; les fermetures, établies de manière que la tête et les pieds restent visibles. Le nombre des sièges peut être calculé à raison de un pour vingt-cinq à trente enfants.

Quelques urinoirs séparés par des cloisons, sont nécessaires pour les garçons.

§ 11. *Arrangement et ameublement.*

La forme et la dimension des bancs et pupitres doivent fixer particulièrement l'attention et être combinées de manière à préserver la vue et à ne pas forcer les élèves à prendre des positions contraires à leur développement normal. La hauteur la plus convenable pour les bancs est de 30 à 40 centimètres; la largeur de 16 à 18 centimètres.

Ordinairement, dans les écoles les bancs sont trop éloignés des tables. L'aplomb de la table ne doit dépasser le bord que de 10 centimètres. Pour que la circulation soit facile, on aura soin de laisser entre les bancs une distance de 35 à 40 centimètres. Les tables ou pupitres doivent être en rapport avec la hauteur des bancs et pourvus d'encriers en nombre suffisant (un encrier pour deux élèves); les tables les plus basses doivent avoir une élévation de 24 centimètres, et les plus hautes, une élévation de 30 à 32 centimètres au-dessus des bancs; la largeur la plus convenable est de 40 centimètres et l'inclinaison de 2 millimètres par centimètre de largeur. Il peut être utile lorsque le sol est dallé ou carrelé, de rattacher à chaque banc une planche pour y poser les pieds. La disposition des pupitres en amphithéâtre, de manière que tous les élèves soient constamment en vue de l'instituteur, est aussi une condition essentielle à observer. Le plancher de l'amphithéâtre aura une pente de 3 centimètres par mètre. L'estrade de l'instituteur devra être assez élevée pour qu'il puisse, de son siége, apercevoir les mains des élèves posées sur les pupitres.

A part les bancs, pupitres, etc., dont il vient d'être parlé, les objets indispensables, dans une école bien organisée, sont :

1° Un Christ de certaine grandeur ou un tableau représentant Jésus-Christ bénissant les enfants ;
2° Une armoire ;
3° Deux planches noires : une des planches aura 1 mètre de haut sur 1 1/2 mètre de large; l'autre, plus grande, présentera d'un côté, des portées de musique, de l'autre des lignes auxiliaires pour la calligraphie ;
4° Un poêle de grandeur convenable système Peclet ;
5° Une collection de poids et mesures (système métrique) ;
6° Une collection de tableaux propres à rendre l'enseignement intuitif (telle que la collection éditée par Schreiber, à Esslingen) ;
7° Les cartes nécessaires pour l'enseignement de la géographies du pays ;
8. Des cadres pour afficher le programme des leçons et le règlement de l'école.

La peinture ou le badigeonnage des salles d'école doit être de couleur claire, tirant de préférence sur le bleu, le vert ou le jaune ; le blanc mat sera évité.

CHANGEMENTS PROPOSÉS PAR LA COMMISSION CENTRALE.

§ 9. *Préaux ou cours d'exercice.*

Pas d'observations.

§ 10. *Lieux d'aisance, lavoirs, vestiaires.*

La Commission reconnaît l'utilité d'un lavoir et d'un vestiaire; mais elle est d'avis que l'on ne doit exiger ces accessoires que dans les communes populeuses ou dans celles qui, possédant des ressources, peuvent supporter la dépense. Dans les autres localités, une fontaine pourra tenir lieu de lavoir, et des broches, disposées dans le vestibule, le préau couvert ou même dans la salle d'école, serviraient à attacher les casquettes, les manteaux, etc.

Retrancher les mots : et en communication à couvert avec les salles d'école.

Dire que les lieux d'aisance seront séparés des classes par une distance de 10 à 15 mètres au moins.

§ 11. *Arrangement et ameublement.*

Supprimer tout ce qui est relatif à la disposition des bancs en amphithéâtre.

Indiquer les dimensions de l'estrade et l'endroit de la classe où elle doit être placée.

LÉGENDE EXPLICATIVE
DES PLANCHES.

PLANCHE 1 : Façade de l'école de filles avec hôtel-de-ville, à Nismes (Namur), par Léon SUYS, architecte. — 1861.

 3 salles d'école;
 3 » pour la commune;
 6 » » les habitations.

Superficie 443m00. Le montant de la dépense a été évalué, d'après le devis estimatif, à 43,000 frs, non compris les accessoires, ce qui donne une moyenne de 104 frs 11 c. par mètre carré de surface bâtie.

PLANCHE 2 : Plan du rez-de-chaussée de l'école de garçons et de filles, maison communale et justice de paix de Héron (Liége), par L. BLANDOT, architecte. — 1866.

 2 salles d'école, sans étage;
 4 » pour la justice de paix;
 2 » » l'administration communale;
 6 » » le logement de l'instituteur;
 4 » » » de l'institutrice;
 2 greniers.

PLANCHE 3 : Plan de l'étage de la même école.

PLANCHE 4 : Façade principale.

PLANCHE 5 : Coupe longitudinale.

La superficie des constructions est de 412m00 et le montant de la dépense a été de 32,000 frs, non compris les annexes, ce qui donne une moyenne de 80 frs 10 c. par mètre carré de surface bâtie.

Tout en admettant que le chiffre de 80 frs 10 c. puisse servir de base pour l'évaluation des dépenses d'une école rurale, (dont les salles ne sont pas surmontées d'étage), on comprendra que ce chiffre doit s'élever en raison de l'extension à donner aux annexes: telles que latrines, préaux couverts, puits et pompe, trottoirs, murs de clôture, étable, fournil, haies, canneaux et l'ameublement.

PLANCHE 6 : Plan du rez-de-chaussée de l'école de filles et école gardienne avec logements d'institutrices, à Ciney (Namur), par LUFFIN, architecte. — 1867.

 5 salles d'école;
 10 chambres pour les institutrices.

Le montant de la dépense a été évalué, d'après le devis estimatif, à 34,000 francs.

La superficie totale de ces constructions est de 402m00 carrés, ce qui donne une moyenne de 82 frs 98 c., par mètre carré de surface bâtie.

PLANCHE 7 : Façade principale id.

PLANCHE 8 : Plans du rez-de-chaussée et de l'étage de l'école et maison communale de Hannut (Liége), par DEJARDIN, architecte. — 1855.

PLANCHE 9 : Façade principale.

 3 salles d'école;
 1 salle d'asile;
 1 salle communale;
 3 cabinets à l'usage de l'administration.

Cette construction a été exécutée pour 30,690 frs.

La superficie est de 465m00 environ, ce qui porte le prix de revient du mètre carré de surface bâtie à 66 frs.

PLANCHE 10 : Plan du rez-de-chaussée de l'école communale pour les deux sexes, à Ixelles (Brabant), par ROUSSEL, architecte. — 1860.

PLANCHE 11 : Façade principale.

Toute la construction a été évaluée à 92,480 frs d'après devis estimatif. La superficie totale des bâtiments et des préaux couverts étant de 1156m50, le prix de revient par mètre de surface bâtie est de 80 frs.

 8 salles d'école;
 2 préaux couverts;
 4 salles pour le concierge.

PLANCHE 12 : Plans du rez-de-chaussée et de l'étage de l'école et maison communale de Bourg-Léopold, camp de Beverloo (Limbourg), par M. CLAES, architecte. — 1855.

PLANCHE 13 : Façade principale.

 2 salles d'école;
 2 vestiaires;
 2 chambres;
 4 salles à l'usage de la commune.

La superficie totale des bâtiments est de 323m00; cette superficie, calculée à 123 frs 00 c. par mètre carré, donne un total de 40,000 frs, valeur des constructions.

PLANCHE 14 : Plans du rez-de-chaussée, de l'étage et de l'entresol du logement de l'école de Saint-Gilles lez-Bruxelles, par M. DERRE, architecte.

PLANCHE 15 : Façade principale.

 5 salles d'école;
 1 classe de dessin;
 4 vestiaires et dégagements;
 8 salles pour le directeur;
 1 préau couvert.

Ces bâtiments occupent une superficie de 442 mètres. La dépense ayant été de 80,800 frs y compris les accessoires, le prix de revient par mètre de surface bâtie est donc de 183 frs 00 c.

PLANCHE 16 : Plans du rez-de-chaussée et de l'étage de l'école de garçons et de filles, avec logements d'instituteur et d'institutrice, salle communale, à Cul-des-Sarts (Namur), par DEGRENY, architecte. — 1862.

PLANCHE 17 : Façade.

 2 salles d'école, avec vestiaire;
 3 salles pour l'administration communale;
 7 chambres pour l'instituteur;
 6 » » l'institutrice.

La superficie totale de ces constructions est de 368 mètres; elles ont été élevées pour la somme de 33,300 frs. Le prix de revient par mètre de surface bâtie est de 90 frs 30 c.

PLANCHE 18 : Plans du rez-de-chaussée et de l'étage des écoles et de la maison communale de St-Nicolas (Liége), par Lamb. DEMANY, architecte. — 1863.

PLANCHE 19 : Façade principale et plan général des constructions.

PLANCHE 20 : Coupe.

 3 salles d'école;
 8 salles pour les deux logements;
 1 salle communale.

Superficie 367 mètres, et le montant de la dépense a été de 33,000 frs, ce qui donne une moyenne de 90 frs 20 c. par mètre carré de surface bâtie.

PLANCHE 21 : Plan du rez-de-chaussée de l'école communale de Schaerbeek (Brabant), par P.-S. SMITS, architecte. — 1863.

PLANCHE 22 : Façade principale.

6 salles d'école de garçons;
6 » » filles;
2 parloirs;
6 chambres pour le concierge.

Toute la construction occupe une superficie de 483 mètres. Elle a été évaluée d'après devis estimatif à 85,000 francs. Ce qui porte le prix de revient par mètre de surface bâtie à 176 frs.

PLANCHE 23 : Plans du rez-de-chaussée, de l'étage et de la façade du logement de l'école communale de la rue Bogaerde, à Anvers, par F.-J. STOOP, architecte. — 1855.

8 salles d'école;
1 parloir;
7 salles pour les instituteurs.

Superficie 825 mètres y compris les couloirs. Le montant de la dépense a été évalué, d'après le devis estimatif, à 118,908 frs. Ce qui donne une moyenne de 144 frs 13 c. par mètre carré de surface bâtie.

PLANCHE 24 : Plans du rez-de-chaussée et de l'étage de l'école communale de Nivelles (Brabant), par R. CARLIER, architecte. — 1855.

4 salles d'école;
1 salle de musique;
4 chambres pour l'instituteur;
4 cabinets.

La superficie totale de ce bâtiment est de 432,00 mètres, ce qui donne une moyenne de 168 frs 40 c., par mètre carré de surface bâtie, la construction ayant été érigée pour 73,000 frs.

PLANCHE 25 : Plans du rez-de-chaussée, de l'étage et de la façade principale de l'école de Hoorebeke-Ste-Marie (Flandre Orientale), par DE PERRE, architecte. — 1860.

1 salle d'école de 14,00 × 7,50;
8 chambres pour le logement.

Superficie 197,00 mètres, et le montant de la dépense a été évalué, d'après le devis estimatif, à 10,290 frs, non compris les accessoires, ce qui donne une moyenne de 52 frs 23 c., par mètre carré de surface bâtie.

PLANCHE 26 : Plans du rez-de-chaussée et de l'étage de l'école de garçons et de filles avec logements, à Eyne (Flandre Orientale), par DE PERRE, architecte. — 1863.

PLANCHE 27 : Façade principale.

2 salles d'école;
1 passage couvert;
14 salles aux logements.

Superficie du bâtiment principal 325 mètres.
» des annexes 170 mètres.

Le montant de la dépense a été évalué, d'après le devis estimatif, à 23,600 frs, y compris les annexes, ce qui donne une moyenne de 50 frs, par mètre carré de surface bâtie.

PLANCHE 28 : Plans du rez-de-chaussée et de l'étage de l'école communale de Grand-Halleux (Luxembourg), par L. VANDENYNGAERT, architecte. — 1863.

PLANCHE 29 : Façade.

2 salles d'école;
8 salles aux logements.

La superficie de ce bâtiment est de 253 mètres, cette superficie, calculée à 127 frs par mètre carré, donne un total de 32,131 frs, valeur de la construction.

PLANCHE 30 : Plan du rez-de-chaussée de l'école communale de St-Villebrord, à Anvers, par F. STOOP. — 1859.

PLANCHE 31 : Plan de l'étage et façade.

6 salles d'école avec entrées spéciales;
6 salles au logement.

Le montant de la dépense a été évalué, d'après le devis estimatif, à 105,450 frs.
La superficie totale de cette construction est de 532 mètres, ce qui donne une moyenne de 194 frs 00 c., par mètre carré de surface bâtie.

PLANCHE 32 : Plans du rez-de-chaussée et de l'étage de l'école de garçons et de filles avec logements, à Tintange (Luxembourg), par VANDENYNGAERT, architecte. — 1860.

2 salles superposées;
8 chambres pour les logements;
2 étables et 2 buchers.

Superficie du bâtiment avec les annexes, 247,00 mètres; montant de la dépense 21,000 frs, soit 83 frs 00 c., par mètre carré de surface bâtie.

PLANCHE 33 : Plan du rez-de-chaussée et façade de l'école communale de filles avec demeure pour les institutrices, à Heyst-op-Den-Berg (Province d'Anvers), par M. Jos. SCHADDE, architecte. — 1859.

3 salles d'école;
6 chambres, dont 3 en mansarde.

PLANCHE 34 : Plans du rez-de-chaussée, du 1er et du 2e étage de l'école communale de Perwez (Brabant), par E. COULON, architecte. — 1856.

PLANCHE 35 : Façade.

2 salles pour les garçons, deux pour les filles;
3 salles au 1er étage pour l'administration communale;
3 salles au 1er étage pour la justice de paix;
Entrée spéciale;
14 chambres, aux logements d'instituteur et d'institutrice.

Toute la construction occupe une superficie de 477 mètres. Elle a été évaluée, d'après devis estimatif, à 52,000 frs, ce qui porte le prix de revient par mètre carré de surface bâtie à 105 frs environ.

PLANCHE 36 : Plan du rez-de-chaussée de l'école communale de Molenbeek-Saint-Jean (Brabant), par M. ROUSSELL, architecte. — 1863.

8 salles d'écoles;
1 logement compris de 5 salles.

Superficie des constructions, 836 mètres.
Montant de la dépense, 68,500 frs, soit 80 frs environ par mètre carré de surface bâtie.

PLANCHE 37 : Façade de l'école ci-dessus.

Plans du rez-de-chaussée, de l'étage et de la façade de l'école communale de la Mallieue (Liége), par L. BLANDOT, architecte. — 1863.

2 salles d'école;
6 chambres au logement.

Valeur de la construction 17,000 frs, soit 77 frs, par mètre carré de surface bâtie.

PLANCHE 38 : Plan du rez-de-chaussée et façade de l'école communale avec logement d'instituteur à Lichtervelde (Flandre occidentale), par DESULST, architecte. — 1854.

2 salles d'école avec entrées spéciales;
8 salles au logement.

Superficie des constructions 316 mètres.
Valeur de la construction 17,400 frs, soit 55 frs par mètre carré.

PLANCHE 39 : Plan du rez-de-chaussée de l'école communale de Contich (Anvers), par BIRCKMANS, architecte. — 1855.

3 salles d'école séparées par des cloisons mobiles.

PLANCHE 40 : Façade et coupe.

PLANCHE 41 : Plans du rez-de-chaussée et de l'étage et façade de l'école communale avec logement d'instituteur à Ghysegem (Flandre Orientale), par DE PERRE, architecte. — 1861.

1 salle d'école;
7 salles à l'usage de l'instituteur.

Superficie 142 mètres.
Le montant de la dépense a été évalué, d'après le devis estimatif, à 10,430 frs, ce qui donne une moyenne de 73 frs 60 par mètre carré de surface bâtie.

PLANCHE 42 : Plans du rez-de-chaussée et de l'étage de l'école communale, avec logements d'instituteur et d'institutrice et salle communale, à Anthisnes (Liége), par L. BLANDOT, architecte à Huy. — 1864.

PLANCHE 43 : Façade principale.

2 salles d'école;
2 salles pour l'administration communale;
10 salles aux deux logements.

Toute la construction a été élevée pour la somme de 28,000 frs, soit 73 frs 00 c., par mètre carré de surface bâtie.

PLANCHE 44 : Plans du rez-de-chaussée et de l'étage de l'école communale de garçons et salle communale, à Comblain-au-Pont (Liége), par L. BLANDOT, architecte à Huy. — 1865.

PLANCHE 45 : Façades principale et latérale.

PLANCHE 46 : Coupe.

1 salle d'école;
2 salles pour l'administration;
7 salles pour l'instituteur.

Toute la construction a été adjugée, y compris les annexes et l'ameublement, pour la somme de 21,500 frs.
La superficie étant de 245 mètres, le prix de revient par mètre carré est de 87 frs 50 c.

PLANCHE 47 : Plan du rez-de-chaussée de l'école de filles et école gardienne du Quartier Ste-Anne, à Gand, par DE PERRE, architecte. — 1860.

PLANCHE 48 : Façade principale.

11 salles d'école;
Passages couverts et entrées spéciales;
8 salles à l'usage de l'instituteur.

Ces bâtiments occupent une superficie de 1060 mètres. La dépense a été évaluée, d'après le devis estimatif, à la somme de 60,613 frs, ce qui porte le prix de revient, non compris les annexes, à 57 frs 00 c., le mètre carré.

PLANCHE 49 : Plan du rez-de-chaussée de l'école gratuite et école payante avec académie de dessin, à Eccloo (Flandre orientale), par DE PERRE, architecte. — 1861.

PLANCHE 50 : Plan de l'étage et façade.

3 salles séparées par des cloisons mobiles;
1 salle pour l'école gardienne;
8 salles au logement.

Cette construction a été élevée pour la somme de 32,700 frs, y compris les annexes.
La superficie est de 575 mètres environ, ce qui porte le prix de revient du mètre carré de surface bâtie à 57 frs 00 c.

PLANCHE 51 : Plans du rez-de-chaussée, de l'étage et façade principale de l'école de garçons avec logement pour l'instituteur et salle communale, à Henri-Chapelle (Liége), par Lamb. DEMANY, architecte. — 1863.

1 salle d'école;
3 salles pour l'administration;
6 » » l'instituteur.

Montant de la dépense d'après devis estimatif, 30,000 frs. Superficie, 250 mètres. Prix de revient par mètre, 120 frs.

PLANCHE 52 : Plans du rez-de-chaussée, du 1er et du 2e étages des écoles, avec logements d'instituteurs et d'institutrice, salle communale, etc., à Vaux-sous-Chèvremont (Liége), par L. NOPPIUS, architecte. — 1862.

PLANCHE 53 : Façade principale.

3 salles d'école avec entrées spéciales;
2 salles pour l'administration;
17 salles aux logements des instituteur, sous-instituteur et institutrice.

Cette construction occupe une superficie de 484 mètres. La dépense a été évaluée, d'après devis estimatif, à 39,000 frs, ce qui donne une moyenne de 80 frs 60 c. par mètre carré de surface bâtie.

PLANCHE 54 : Plans du rez-de-chaussée et de l'étage de l'école communale, avec logement d'instituteur, à Berlaere (Flandre orientale), par DE PERRE, architecte. — 1861.

PLANCHE 55 : Façade principale.

Montant de la dépense, 14,500 frs.
Superficie, 318 mètres.
Prix de revient par mètre carré, 45 frs 50 c.

2 salles d'école, séparées par une cloison mobile;
10 salles pour l'instituteur.

PLANCHE 56 : Plans du rez-de-chaussée, de l'étage et du grenier de l'école, avec logement d'instituteur et salle communale, à Ramet (Liége), par D. HALIN, architecte. — 1860.

1 salle d'école;
2 salles pour l'administration communale;
8 » » l'instituteur.

Superficie des constructions, 207 mètres.
La dépense ayant été de 17,000 frs, le prix de revient par mètre carré est de 82 frs.

PLANCHE 57 : Plans du rez-de-chaussée et de l'étage des écoles communales, avec logements, à Dison (Liége), par J.-J. HUMBLET, architecte. — 1862.

PLANCHE 58 : Façade principale.

4 salles pour les garçons;
4 » » » filles;
12 » aux logements.

Superficie 442 mètres.
Montant de la dépense, 77,000 frs, soit 174 frs 20 c, par mètre carré.

PLANCHE 59 : Plan du rez-de-chaussée de l'école gardienne du centre, à Verviers (Liége), par FUMIÈRE, architecte. — 1858.

PLANCHE 60 : Façade principale.

1 salle d'asile;
1 salle d'exercices;
3 salles pour la concierge;
1 salle en balcon à l'étage.

Le montant de la dépense a été de 101,950 frs, ce qui porte le prix de revient à 141 frs 00 c. pour 723 mètres carrés de surface bâtie, y compris les accessoires.

PLANCHE 61 : Plans du rez-de-chaussée et de l'étage des écoles de garçons et de filles, avec logements d'instituteur et d'institutrice, et salle communale, à Basecles (Hainaut), par Ch. VINCENT, architecte. — 1864.

PLANCHE 62 : Façade principale.

2 salles d'école;
3 salles pour l'administration;
1 corps de garde;
11 salles à l'usage des instituteur et institutrice.

Superficie 400 mètres. La dépense a été évaluée, d'après le devis estimatif à 25,000 frs, ce qui donne une moyenne de 62 frs 50 c. par mètre carré de surface bâtie, y compris les annexes.

PLANCHE 63 : Plans du rez-de-chaussée, de l'étage et de la façade de l'école primaire de filles, à Damme (Flandre occidentale), par P. BURGGH, architecte. — 1860.

1 salle d'école;
10 salles avec annexes pour l'instituteur.

PLANCHE 64 : Plans du rez-de-chaussée, de la façade et de l'ensemble des constructions de l'école de Maldeghem (Flandre orientale), par DE PERRE, architecte. — 1855.

3 salles d'école;
7 salles au logement dont 3 en mansardes.

La superficie est de 361 mètres, ce qui porte le prix de revient à frs 67,00, les constructions ayant été élevées pour la somme de 24,200 frs.

PLANCHE 65 : Plans du rez-de-chaussée et de l'étage de l'école communale, avec logement d'instituteur et justice de paix, à St-Gilles-Waes (Flandre orientale) par DE PERRE, architecte. — 1863.

PLANCHE 66 : Façade principale et coupe.

    2 salles d'école;
    5 salles pour la Justice-de-Paix;
    10 » à l'habitation.

Le montant des adjudications des écoles de la Flandre orientale a été pris comme base d'évaluation. Les ameublements et les accessoires ne sont pas compris dans le prix de revient.

PLANCHE 67 : Plans du rez-de-chaussée et de l'étage de l'école communale de garçons et de filles, avec logements d'instituteur et d'institutrice et salle communale, à Verlaine (Liége), par L. BLANDOT, architecte. — 1864.

PLANCHE 68 : Façade principale, coupes longitudinale et transversale.

    3 salles d'école avec entrées spéciales;
    2 salles pour l'administration;
    14 salles à l'usage de l'instituteur et de l'institutrice.

La superficie des constructions est de 383 mètres et le montant de la dépense a été de 28,500 frs, non compris les annexes, ce qui donne une moyenne de 74 frs 40 cent. par mètre carré de surface bâtie.

L'ameublement des salles, les murs de clôtures avec trois entrées spéciales, les étables et fournil ont été faits pour la somme de 5,000 frs.

PLANCHE 69 : Plan du rez-de-chaussée de l'école communale avec logements, à Rochefort (Namur), par LUFFIN, architecte. — 1865.

PLANCHE 70 : Façade vers la route de Wellin.

PLANCHE 71 : Plan de l'étage.

PLANCHE 72 : Façade vers la place publique.

    10 salles d'école;
    16 salles aux logements.

Superficie 815 mètres, et le montant de la dépense a été évalué d'après le devis estimatif à 85,000 frs, ce qui donne une moyenne de 105 frs environ par mètre carré.

PLANCHE 73 : Plan du rez-de-chaussée et plan général de l'étage, du grenier et des souterrains de l'école de filles avec logement, à Charneux (Liége), par Lamb. DEMANY, architecte. — 1864.

PLANCHE 74 : Façades et coupes.

    1 salle d'école;
    6 chambres au logement.
Superficie 170 mètres.
Montant de la dépense, frs 14,843.
Le mètre carré revient donc à frs 87-00.

PLANCHE 75 : Plan du rez-de-chaussée des écoles de garçons et de filles, asile ou école gardienne et hôtel communal de Jemeppe (Liége), par DEJARDIN, architecte. — 1864.

    2 salles séparées par des cloisons mobiles;
    2 salles pour l'école gardienne;
    3 salles annexées à l'école gardienne;
    9 salles pour la Direction;
    3 » l'administration.
    Prison, pompe, concierge.

Le tout d'une superficie de 730 mètres, formant deux bâtiments distincts, construits, y compris les annexes, pour la somme de frs 62,000, ce qui porte le prix de revient à frs 85-00 le mètre carré.

PLANCHE 76 : Plans du rez-de-chaussée, de l'étage, des souterrains et des façades de l'école avec logement d'instituteur et salle communale, à Berneau (Liége), par L. NOPPIUS, architecte. — 1864.

    1 salle d'école;
    2 salles à l'usage de l'administration;

    6 salles pour l'instituteur;
    3 caves.

Superficie 200 mètres. Le montant de la dépense ayant été de frs 20,824-00, le prix de revient est de frs 104-00 par mètre carré de surface bâtie.

PLANCHE 77 : Plans du rez-de-chaussée et de l'étage des écoles de garçons et de filles, avec justice de paix, à Waremme (Liége), par L. BLANDOT, architecte. — 1867.

PLANCHE 78 : Façade principale.

    4 salles d'école avec entrées spéciales;
    12 salles aux deux habitations;
    4 salles pour la Justice-de-Paix.

Cette construction a été érigée pour la somme de 53,000 frs, ce qui donne une moyenne de 77 frs 50 cent. par mètre carré de surface bâtie, pour 683 mètres.

Les accessoires, tels que : puits, pompes, citernes, latrines, fours et grillage au chemin, ont été exécutés pour frs 9,500 frs.
L'ameublement des salles d'école pour frs 2,000-00.
L'ameublement de la Justice-de-Paix pour frs 1,500-00.
Ce qui donne un total de 66,000 frs.

PLANCHE 79 : Plans du rez-de-chaussée et de l'étage de l'école communale, avec logements, à Ypres (Flandre occidentale), par J. LERNOULD, architecte. — 1861.

    6 salles d'école;
    25 salles à l'usage des maîtres;
    1 préau couvert de 190 mètres carrés.
Superficie des constructions, 605 mètres.

PLANCHE 80 : Projet pour la construction d'une école, avec logements d'instituteur et d'institutrice, par M. E. DEMANY, architecte.

Plan du rez-de-chaussée et façade principale.

Ce projet pourrait se réaliser pour la somme de 44,000 francs.

PLANCHE 81 : Plans du rez-de-chaussée, de l'étage et façade principale de l'école communale, avec logements d'instituteur et 18 pensionnaires, à Warneton (Flandre occidentale), par LERNOULD, architecte.

PLANCHE 82 : Plans du rez-de-chaussée et de l'étage de l'école communale, avec logements d'instituteurs et salles pour l'administration communale, à Chaudfontaine (Liége), par L. NOPPIUS, architecte. — 1864.

PLANCHE 83 : Façade principale.

    2 salles d'école avec entrées spéciales;
    2 salles pour la commune;
    14 » aux habitations.

La superficie des constructions est de 313 mètres et le montant de la dépense a été de frs 60,000, y compris les accessoires, ce qui donne une moyenne de 190 frs par mètre carré de surface bâtie.

PLANCHE 84 : Plan du rez-de-chaussée de l'école communale, avec logements d'instituteur et d'institutrice et locaux pour l'administration communale, à Heure-le-Romain (Liége), par Lamb. DEMANY, architecte. — 1866.

PLANCHE 85 : Plans de l'étage et des caves.

PLANCHE 86 : Façade principale.

    3 salles d'école avec entrées spéciales;
    2 salles pour la commune;
    15 » aux logements.

Tout les travaux ont été adjugés, y compris les annexes, pour la somme de 48,000 frs.

La superficie étant de 435 mètres, le prix de revient par mètre carré est de 110 frs.

PLANCHE 87 : Plans du rez-de-chaussée et de l'étage de l'école de filles et école gardienne, à Burdinne (Liége), par L. BLANDOT, architecte. — 1867.

PLANCHE 88 : Façade principale.

La superficie de ce bâtiment est de 192 mètres et le montant de la dépense, avec l'ameublement, a été estimé à la somme de 20,000 frs, non compris les annexes; ce qui donne une moyenne de 102 frs par mètre carré de surface bâtie.

PLANCHE 89 : Plans du rez-de-chaussée, de l'étage et des façades de l'école, à Monts-de-Godinne (Namur), par LUFFIN, architecte. — 1862.

1 salle d'école;
6 salles à l'usage de l'instituteur.

Superficie 113 mètres, et le montant de la dépense a été évalué à 13,000 frs; ce qui donne une moyenne de 115 frs par mètre carré.

PLANCHE 90 : Plans du rez-de-chaussée et de l'étage de l'école communale, avec logement d'instituteur, à Amay (Liége), par VIERSET-GODIN, architecte. — 1867.

PLANCHE 91 : Façade principale.

4 salles d'école avec entrées spéciales;
9 salles à l'usage de l'instituteur.

La superficie de cette construction est de 317 mètres, et le montant de la dépense a été de frs 48,360, y compris les annexes; ce qui donne une moyenne de 152 frs par mètre carré de surface bâtie.

PLANCHE 92 : Plans du rez-de-chaussée, du 1er étage, du grenier et de la façade de l'école, avec logement pour l'instituteur et salle communale, à Rocour (Liége), par L. NOPPIUS, architecte. — 1864.

1 salle d'école;
1 salle communale et cabinet pour les archives;
7 chambres au logement.

Le montant de la dépense a été de 18,600 frs. La superficie est de 186 mètres, prix de revient par mètre, 100 frs.

PLANCHE 93 : Façade principale et plan du rez-de-chaussée de l'école de garçons et de filles, avec logements et salles communales, à Tilff. — 1868.

7 salles au rez-de-chaussée;
1 salle pour le secrétariat;
4 salle d'école avec bibliothèques.

La salle communale se trouve à l'étage.
Cette construction est évaluée, d'après devis, à la somme de 57,500 frs, ce qui porte le prix de revient du mètre carré à 114 frs 50, y compris l'ameublement. Les bâtiments ont une superficie de 502.00 mètres carrés.

PLANCHE 94 : Plans généraux des écoles de Verlaine et d'Anthisnes, par L. BLANDOT, architecte. — 1864.

PLANCHE 95 : Projet pour une école des deux sexes, par Emile DEMANY.

Plans du rez-de-chaussée comprenant deux logements et deux salles d'école.

Cette construction pourrait s'effectuer moyennant la somme de 42,000 frs.

PLANCHE 96 : Façade de cette école.

PLANCHE 97 : Plan du rez-de-chaussée de l'école communale avec logements d'instituteur et d'institutrice, à Petit-Rechain (Liége), par SERRURIER, architecte. — 1867.

PLANCHE 98 : Plan de l'étage.

PLANCHE 99 : Façade principale.

6 salles d'école avec entrées spéciales;
Rez-de-chaussée : deux salles, un cabinet, une cuisine et un lavoir.
Etage : 3 chambres à coucher pour le logement de l'instituteur et la même chose pour celui de l'institutrice.

Cette construction a été évaluée 66,500 frs d'après devis estimatif. La superficie des bâtiments étant de 412 mètres, le prix par mètre de surface bâtie est de 159 frs.

PLANCHE 100 : Façade et plans de l'école de Strée (Liége), par L. BLANDOT, architecte. — 1867.

1 salle d'école avec entrées et bibliothèque scolaire;
8 salles à l'habitation.

La dépense a été de 18,000 frs, y compris les accessoires, tels que fournil, latrines, entrées, clôture et l'ameublement, ce qui porte le prix de revient à 91 frs le mètre carré.

PLANCHE 101 : Plan de l'école communale avec logement, à Diepenbeck (Limbourg), par JAMINÉ, architecte. — 1868.

PLANCHE 102 : Façade principale, avec plan du bassin du puits artésien.

PLANCHE 103 : Façade latérale.

PLANCHE 104 : Coupe longitudinale.

2 salles d'école avec préau couvert entre les deux salles;
7 salles à l'usage de l'instituteur.

La superficie totale des constructions est de 335 mètres, non compris les dépendances, et le montant de la dépense, non compris la valeur du bassin, a été de 56,000 frs, ce qui donne une moyenne de 172 frs 30 c. par mètre carré de surface bâtie.
Le puits avec bassin peut être évalué à 5,000 frs.

PLANCHE 105 : Façade principale d'une école, avec logements d'instituteur et d'institutrice et salles pour l'administration communale, à construire sur un terrain incliné, par L. BLANDOT, architecte, à Huy.

PLANCHE 106 : Plan du rez-de-chaussée et de l'étage.

Le rez-de-chaussée comprend :
8 salles aux logements;
4 salles d'école pour les deux sexes, avec préaux couverts au centre, 2 salles pour la bibliothèque scolaire, 2 chambres à l'usage des écoles.
2 cours à l'usage de l'instituteur et de l'institutrice.
L'étage comprend :
8 chambres à coucher, 4 greniers et une grande salle avec cabinet pour l'administration communale.

Cette construction, y compris les annexes, a une superficie de 640 mètres 12 centimètres et elle pourrait être construite pour la somme de 60,000 frs, soit donc 93 frs par mètre carré de surface bâtie.

PLANCHE 107 : Façade de l'école de filles et école gardienne de la rue des Hospices, à Verviers, par E. LIBENS, architecte. — 1868.

PLANCHE 108 : Plan du rez-de-chaussée, comprenant deux logements, une grande salle commune et deux salles d'école, avec entrées distinctes.

PLANCHE 109 : Plan de l'étage, comprenant cinq salles d'école avec vestiaires et chambres pour les logements.

La superficie de cette construction est de 600 mètres, ce qui porte le prix de revient à frs 133 le mètre carré, les évaluations étant de 80,000 frs, y compris les annexes.

PLANCHE 110 : Plan du rez-de-chaussée et de l'étage de l'école de Dalhem (Liége), par L. GASPART, architecte. — 1867.

PLANCHE 111 : Façade principale.

Cette construction comprend deux salles d'école et deux logements composés chacun de trois salles au rez-de-chaussée et trois chambres à l'étage.

La superficie est de 310 mètres carrés et le montant de la dépense a été évalué, d'après le devis estimatif, à frs 30,000, y compris les accessoires, ce qui donne une moyenne de frs 96,80 par mètre carré de surface bâtie.

PLANCHE 112 : Plan du rez-de-chaussée et de l'étage de l'école, avec logement et salles communales, à Villers-le-Temple (Liége), par VIERSET-GODIN, architecte. — 1865.

PLANCHE 113 : Façade de la même école.

Rez-de-chaussée : 1 salle d'école, 1 salle communale et cabinet du secrétaire, 2 salles pour l'instituteur.

Etage : 5 chambres à coucher et 1 cabinet.

Ce bâtiment a été élevé pour la somme de frs 22,000, ce qui porte le prix de revient du mètre à frs 152.90, la superficie étant de 144 mètres carrés.

DÉTAILS.

PLANCHE 114 : Appareils de ventilation.

Croisée à attique mobile.
Coude d'aérage. — Introduction de l'air frais.
Ventilateur en forme de rosace, placé au plafond, pour l'évacuation de l'air vicié.

Plan général d'une petite école rurale.

Ce terrain à 34m50 de façade.

Le bâtiment d'habitation se trouve au centre et l'école est adossée au pignon.

Les préaux séparés pour les sexes font faces aux croisées de la salle d'école; cette disposition permet à l'instituteur d'avoir constamment l'œil sur les préaux, où se trouvent les lieux d'aisances, qui sont placés à 12m00 de la salle.

PLANCHE 115 : Chauffage, poêle à air chaud Breveté en faveur du sieur RIGAUX, poêlier, à Huy.

L'air frais est pris par l'ouverture A, il parcourt le conduit B, tuyau en fer ou en terre cuite posé sous le pavé de la salle, ce conduit traverse le poêle et l'air pur ainsi chauffé est accumulé dans la caisse C, d'où il se répand dans la classe par l'ouverture D.

Dans la caisse C, se trouve un bassin d'eau, dont l'air chauffé du calorifère vient caresser la surface et se saturer des éléments qu'il a perdu (soit 250 grammes d'eau par kilogramme de charbon consommé); L'air chaud, ainsi obtenu par son passage dans la caisse sur une surface d'eau dont l'eau n'est jamais en ébullition, se sature régulièrement et de lui-même, sans vapeur, et procure une chaleur douce.

Le réservoir ou bassin construit en cuivre étamé, alimenté au moyen d'un entonnoir auquel est adopté un tuyau I formant trop-plein et empêchant l'eau de se déverser dans la caisse C.

Le courant d'air chaud peut-être modifié au moyen d'une glissière D, servant à former plus ou moins le tuyau destiné à régler la quantité d'air à introduire.

Au niveau du sol, se trouve une ouverture G, par où l'air refoulé peut sortir.

Cet air monte dans le tuyau et le courant ascendant est accéléré par ceci encore que ce tuyau est chauffé au milieu de la cheminée du poêle H, la caisse C et le bassin doivent être construits d'après les proportions des salles qu'ils ont à chauffer.

PLANCHE 116. Moyens de chauffage et d'aérage.

Les cheminées sont distribuées de manière à chauffer et aérer deux et quatre classes avec un seul foyer. (Voir le plan).

Les conduits sont construits dans les dimensions voulues par les données suivantes:

1º 100 élèves par classe et 6m00 d'air par élève et par heure.
2º Une différence de température de 0m20c centigrade de l'extérieur à l'intérieur.
3º La vitesse de l'air chauffé 1m00 par seconde ou 36m00, par heure.
4º Le premier calorique de charbon n'a été pris que de 4,000 calorées.

Les calculs suivants appliquent la base de ce système, savoir:
Transmission de chaleur pendant une heure, par les murs : 198m20 × 20º = 3924
par les vitres : 26m40 × 20º × 4 = 2088 } 6012 calorées.

Pour l'élévatoir ou chauffage de 600m cubes d'air
_{Prise d. Capacité de l'air.}
à 20º, on trouve 600m00 × 1.30 × 0.25 × 020º = 3900
                                              _____
                                              9912 calorées.

Le charbon à bruler par heure et par classe est de 9912/4000 = 2k·474, donc pour 4 classes 9 kos 896 de charbon brulé pendant une heure dans un foyer, lequel a une grille d'un rayon de 0m 175; le foyer est combiné de manière à présenter une surface chauffante en déduisant les produits de la combustion par un certain nombre de tubes, de 19m·792 c. L'aire ou section des conduits d'air et bouches de chaleur sera de 9912/5954 = 0m·1666, surface observée par tous les conduits en général.

L'appareil de chauffage est représenté en coupe par les dessins. Il est disposé de manière à former deux réservoirs R et R, où l'air extérieur, indiqué par des flèches pleines est appelé pour se chauffer et puis se répandre dans les classes par les bouches de chaleur, qui sont divisées à cette fin en deux parties par une cloison qui plonge dans les réservoirs.

Les conduits souterrains sont indiqués en plan et coupe ou les flèches montrent le mouvement de l'air. Le courant d'air chauffé est indiqué par des flèches pointillées. Les soupiraux d'air sont fermés par une vanne V, (fig. 1), afin de modérer les courants ou les intercepter totalement. Pour soutirer l'air des classes, il se trouve dans chacune d'elles une ouverture P et P' dans les cheminées d'appel, fermant à volonté par une trappe. Ces tuyaux sont garnis d'une plaque en fer contre laquelle vient frapper le produit de la combustion pour dilater l'air et l'activer par le tirage.

La fig. 1, représente une section sur A B.
La fig. 2. » » sur C D avec la projection du calorifère.
La fig. 3, profil E, montrant les ouvertures P des cheminées d'appel.
La fig. 4, coupe sur F G ou intérieur des dites cheminées d'appel.
La fig. 5, coupe sur H I ou intérieur des dites cheminées au 1er étage.
La fig. 6, profil K montrant les ouvertures P des cheminées d'appel.
La fig. 7, du corps de cheminée ou de la classe L.
La fig. 8, face du corps ou de la classe M.

Outre les fenêtres ouvrantes à bascule pour l'aérage des classes, on ménage, conformément au programme ministériel, des ouvertures susceptibles de ventiler, soit contre le sol soit à une hauteur dépassant la tête des élèves.

Ces moyens de ventilation indiqués à la planche 114, complètent le moyen de ventilation des classes.

PLANCHE 117 : Détails.

1º Du pupitre à l'usage de l'instituteur ;
2º Estrade ;
3º Tableau noir ;
4º Banc;
5º Plan de la disposition d'une salle d'école de 10.00 sur 7.00.

L'estrade est élevée de 0,20 c. et le dessous du tableau est placé à 0,85 c. de hauteur de celle-ci; on fait usage de petits escaliers pour rendre la partie supérieure du tableau accessible aux petits élèves.

Le tableau à 1m 25 c. de hauteur sur la même longueur que l'estrade.

Le modèle du banc tel qu'il est représenté est celui adopté par le gouvernement.

Le minimum de la hauteur est de 0m77, le maximum 0m89.

Quand on a déterminé le nombre de bancs que doit contenir une salle, il faut diviser la différence entre le maximum et le minimum par le nombre de bancs moins un, et ajouter le quotient de cette division à la hauteur du premier pour connaitre la hauteur que doit avoir le second ; puis à celui-ci pour avoir la hauteur du troisième, et ainsi de suite.

L'inclinaison du dessus des bancs est de 0m04. La hauteur de l'assise 0m44.

L'espace occupé par les enfants est de 0m50 centimètres de longueur de banc.

Le passage libre entre la rive postérieure d'un banc, et la rive antérieure du pupitre qui précède est de 0m26, soit une superficie de 0m45 par élève, non compris les couloirs.

Un encrier est placé de deux en deux places ; cet encrier est encastré dans le bois; il est en verre et l'enveloppe en métal.

PLANCHE 118 : Plan de la disposition des bancs d'une salle de 9m00 sur 7m20.

Coupe et face de bancs dits américains.

Ces bancs ont 2.00 de longueur et les proportions sont celles du modèle précédent.

On fait également les mêmes opérations, pour connaitre la hauteur progressive des bancs.

Les bancs sont accolés les uns aux autres, c'est-à-dire que la face du banc de derrière forme dossier à celui qui précède.

L'espace occupé par chaque place est de 0.35 centimètres carrés.
Les couloirs sont placés dans le sens perpendiculaire à l'estrade.
Ce système est plus avantageux que le précédent, plus facile pour la circulation et pour la surveillance.
Le premier occupe une surface de 0.70 c., y compris les couloirs, tandis qu'il suffit de 0.56 pour le second.
On ne peut obtenir par la première disposition (planche 119), que le placement de 14 bancs de 5 élèves chacun, soit 70, pour une salle ayant une superficie de 70 mètres; tandis que d'après ce système on placerait 72 élèves et pour une salle d'une superficie moindre (64m80).

PLANCHE 119 : Mobilier des salles d'asile.

    Face et coupe des gradins;
    Banc du préau;
    Table du préau;
    Fontaine ;
    Lits de repos.

Les bancs des gradins doivent avoir des hauteurs différentes; le plus petit, au premier rang, à 0m20 c.; le plus élevé ne peut avoir que 0m26.

Les faces des murailles sont revêtues de lambris en bois, pour prévenir le refroidissement des parties du corps qui seraient appuyées contre le mur.

Les bancs des préaux sont vides par dessous, de manière à permettre aux enfants d'y placer leurs petits paniers.

Les tables se placent contre les bancs et servent à placer les petits ouvrages des enfants.

La fontaine est d'une grande nécessité pour les salles d'asile; elle se place dans le préau couvert et les enfants s'y lavent avant d'entrer dans la salle des exercices.

Il arrive souvent que les jeunes enfants sont pris par le sommeil. Quoiqu'on prenne soin de prévenir cette disposition, il importe cependant de satisfaire au besoin du repos lorsqu'il est suffisamment indiqué. A cet effet, on établit un petit lit de repos, composé d'un cadre auquel est attaché un filet où une toile de fort coutil tendue et légèrement inclinée vers les pieds. Sur cette toile, toujours un peu élastique, on place une paillasse.

PLANCHE 120 : Latrines et urinoirs.

    Plan, coupe et élévation des lieux et urinoirs.

C'est un petit bâtiment qui occupe une surface de 10m30; il contient deux latrines dont une pour le maître, et trois urinoirs.
Le tout recouvert par une toiture qui forme avant-corps.
Les parois des urinoirs sont formées de plaques en pierre polies et légèrement inclinées vers le centre pour l'écoulement des eaux et sont repavées par des parois en tôle de 0.70 c. de longueur.
Les latrines sont munies de cône en poterie vernissée dont le bout inférieur est plongé dans l'eau provenant des toitures. Il est inutile de faire remarquer que ce moyen, si simple, remplit toutes les conditions de salubrité désirables.
Une fosse ou citerne se trouve sous les latrines.

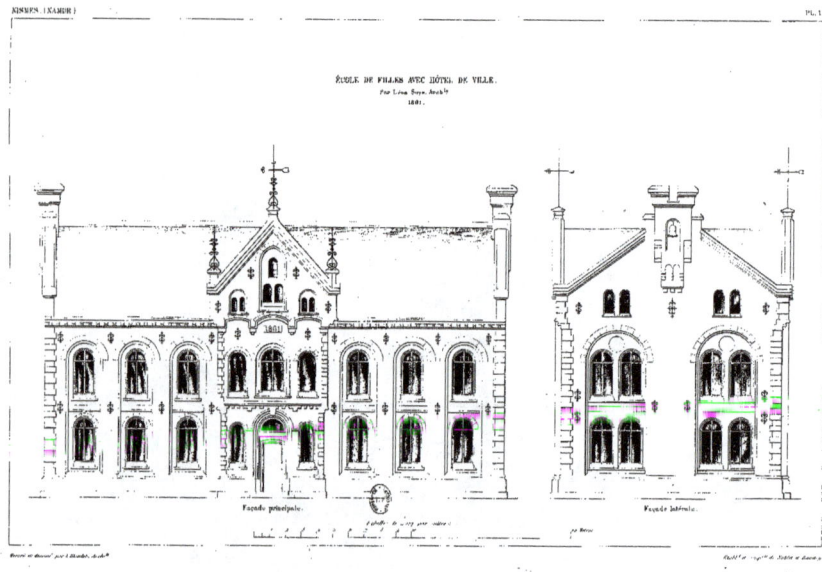

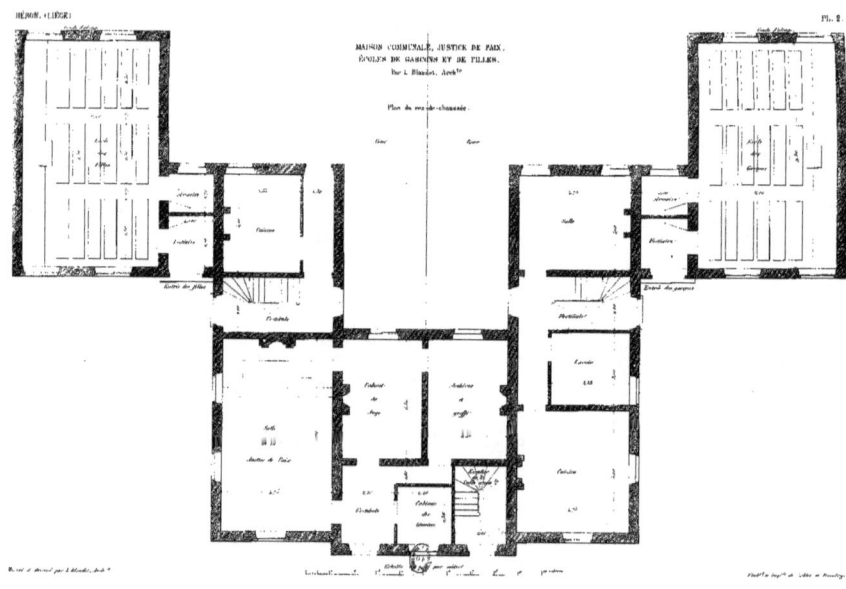

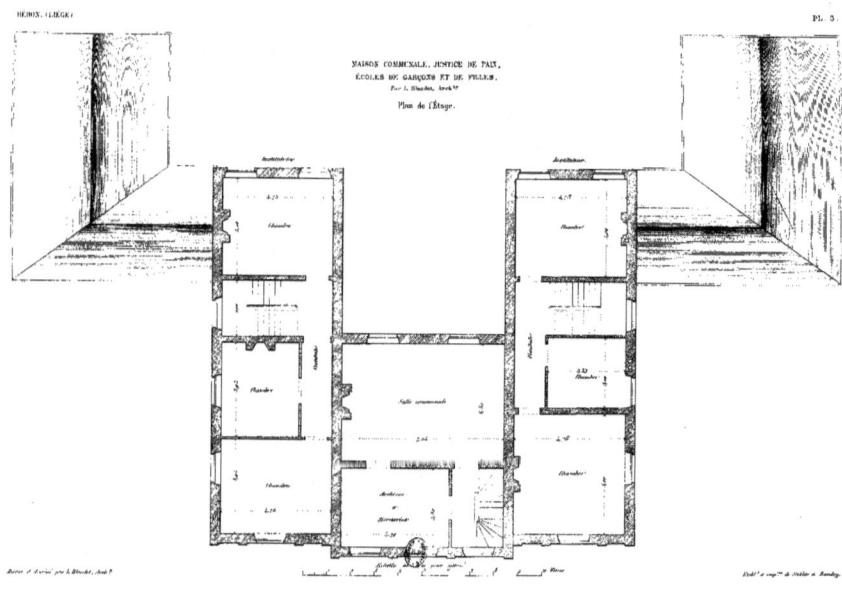

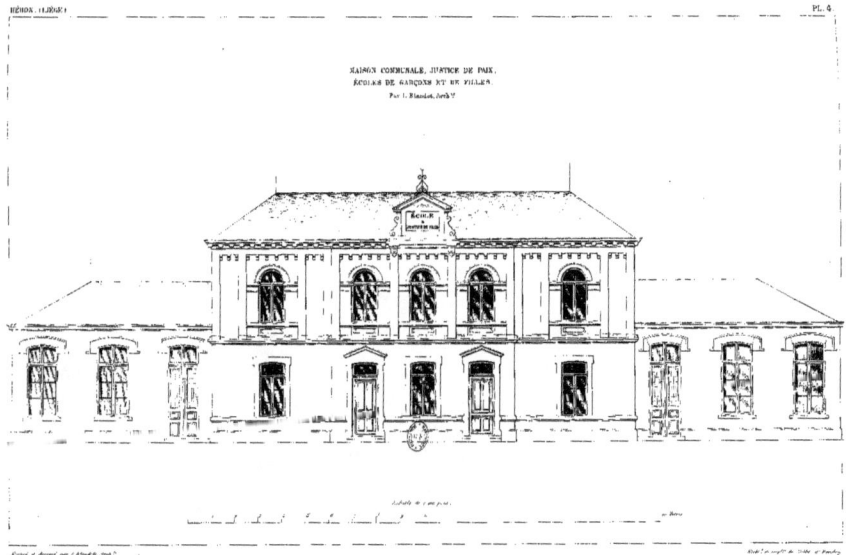

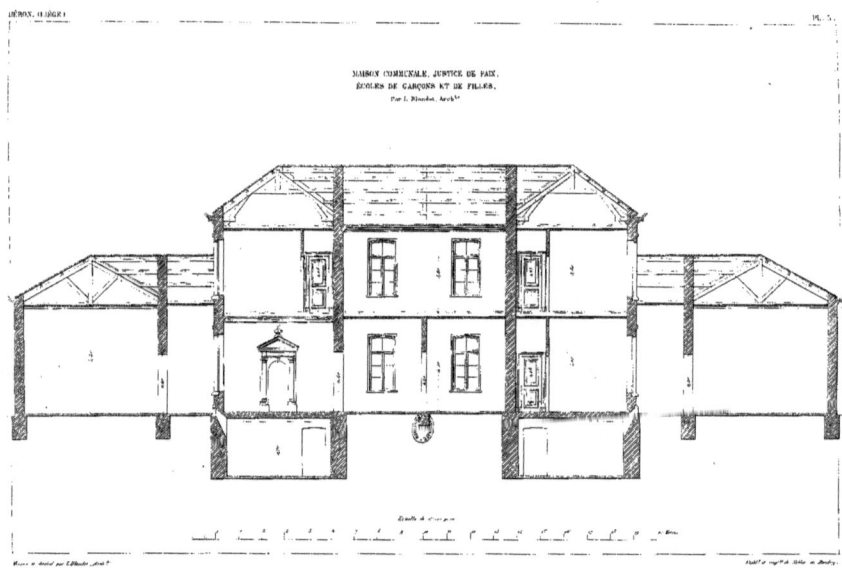

CINEY. (NAMUR) PL. 6

Plan du Rez-de-Chaussée

ÉCOLE DE FILLES ET ÉCOLE GARDIENNE
AVEC LOGEMENTS D'INSTITUTRICES.
Par Luffin, Arch.te à Dinant.
1863.

Plan de l'Étage.

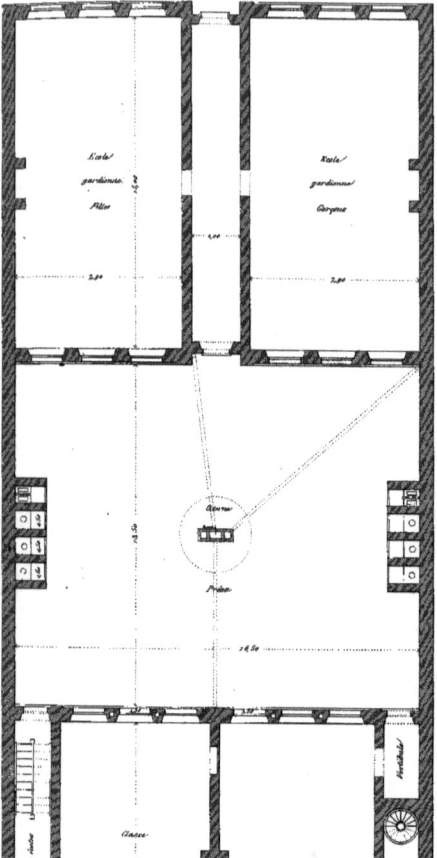

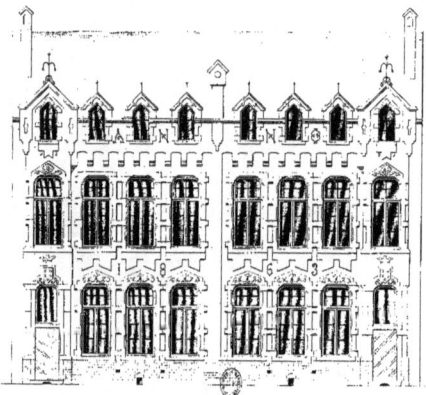

ÉCOLE DE FILLES ET ÉCOLE GARDIENNE AVEC LOGEMENTS D'INSTITUTRICES.

Façade principale.

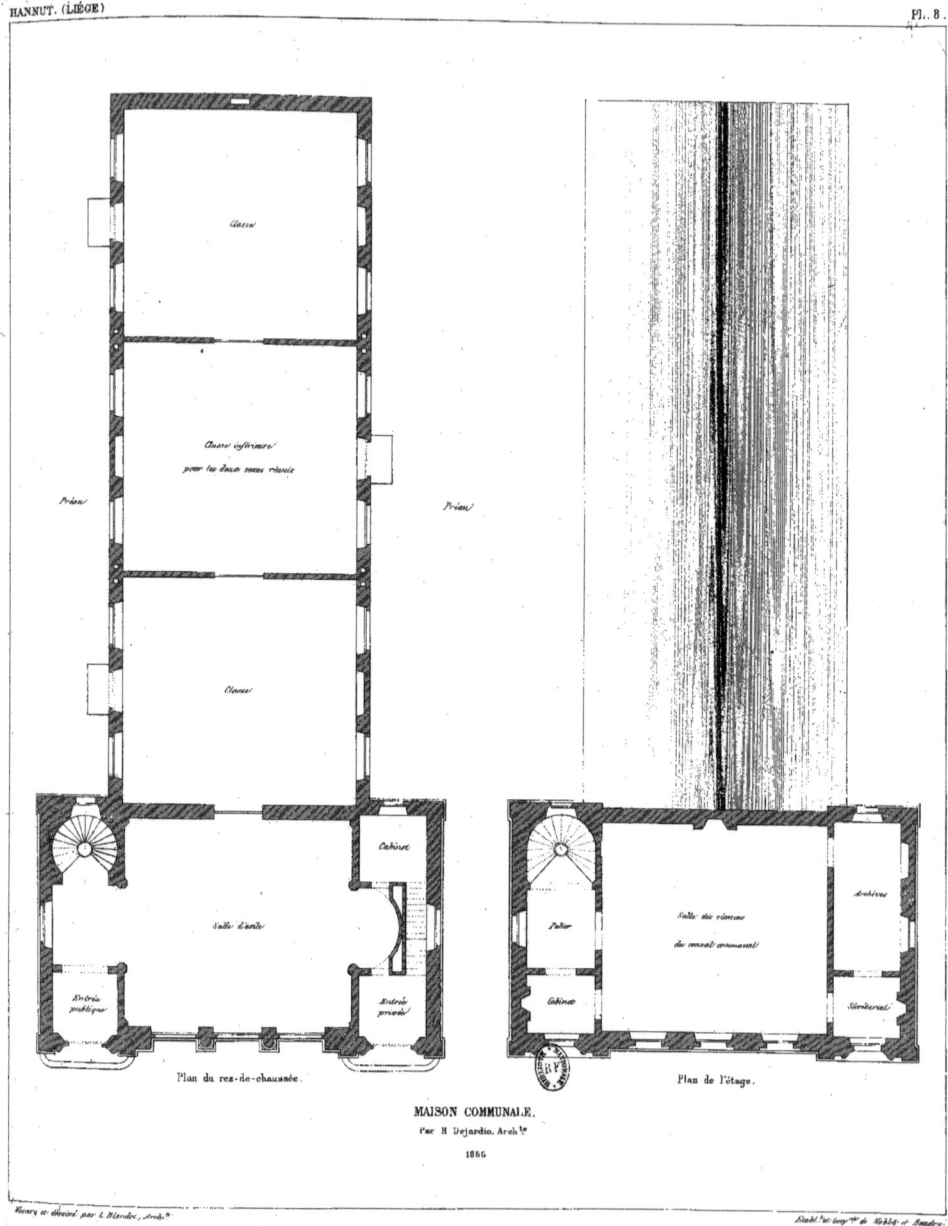

MAISON COMMUNALE DE HANNUT.
Par H. Dajardin, Arch.te
1855.

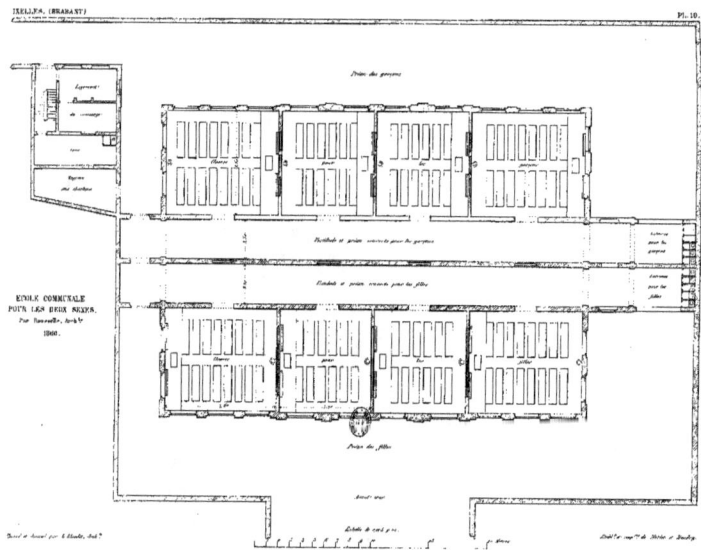

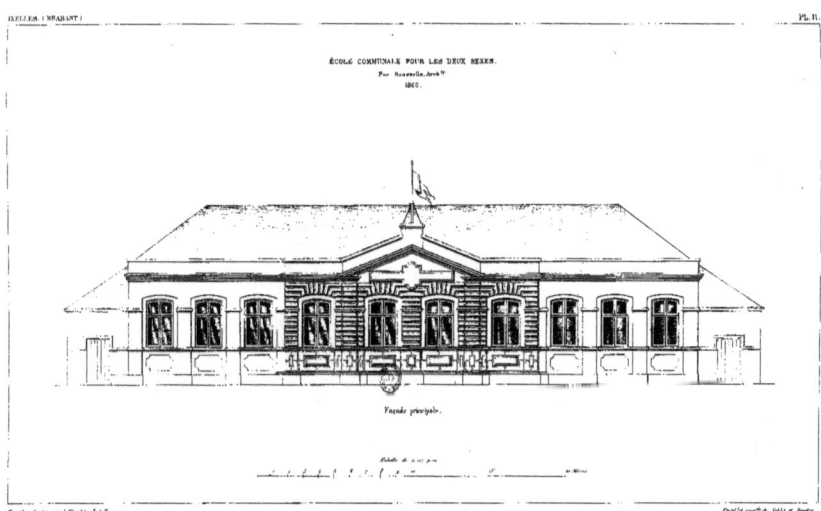

ÉCOLE COMMUNALE POUR LES DEUX SEXES.

Façade principale.

BOURG LÉOPOLD. CAMP DE BÉVERLOO. (LIMBOURG) PL. 12.

ÉCOLE ET MAISON COMMUNALE.
Par E. Claes, Arch.te
1865.

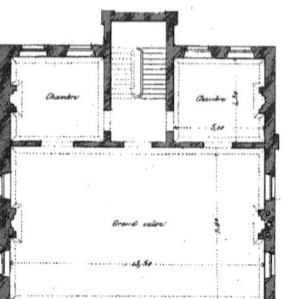

Plan de l'étage.

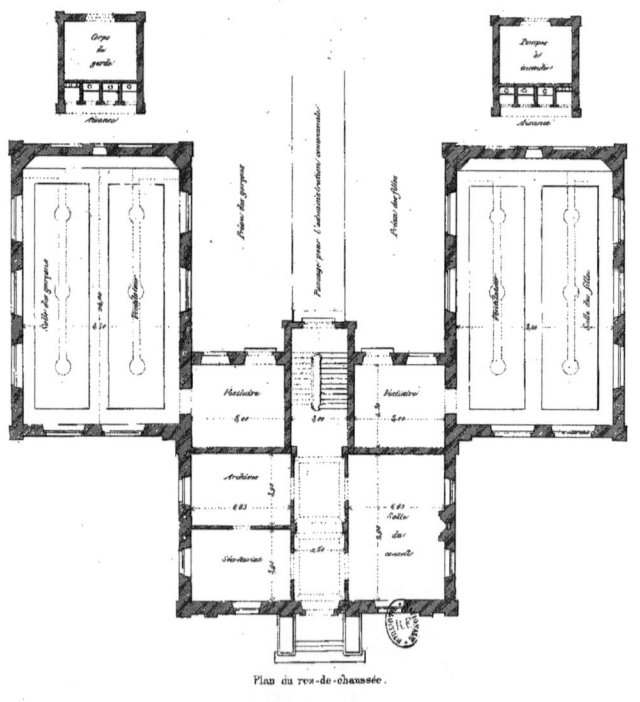

Plan du rez-de-chaussée.

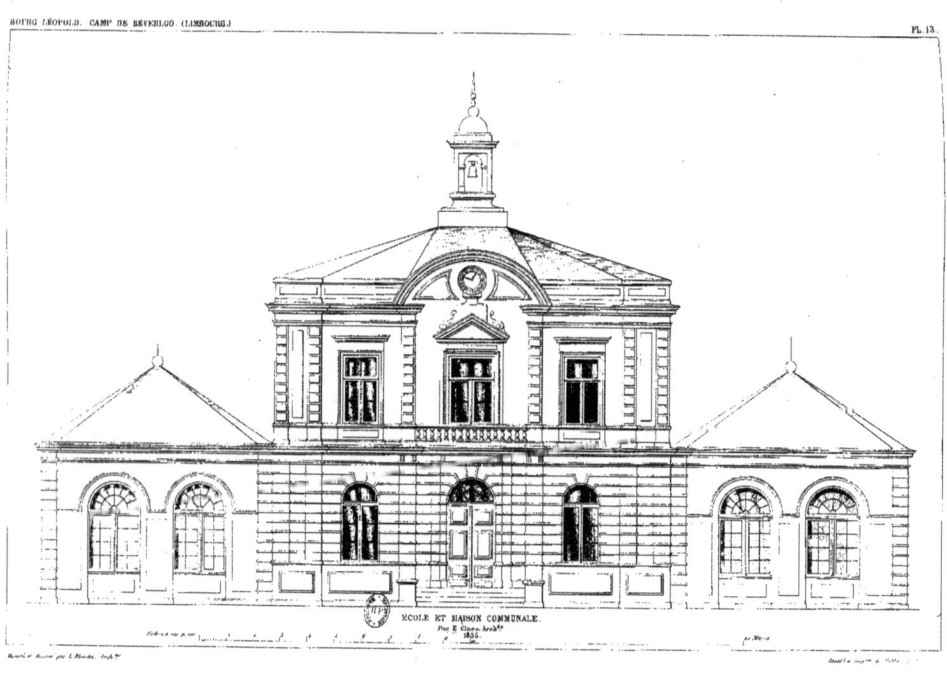

ECOLE ET MAISON COMMUNALE.
Par E. Coen, Arch.^{te}
1855.

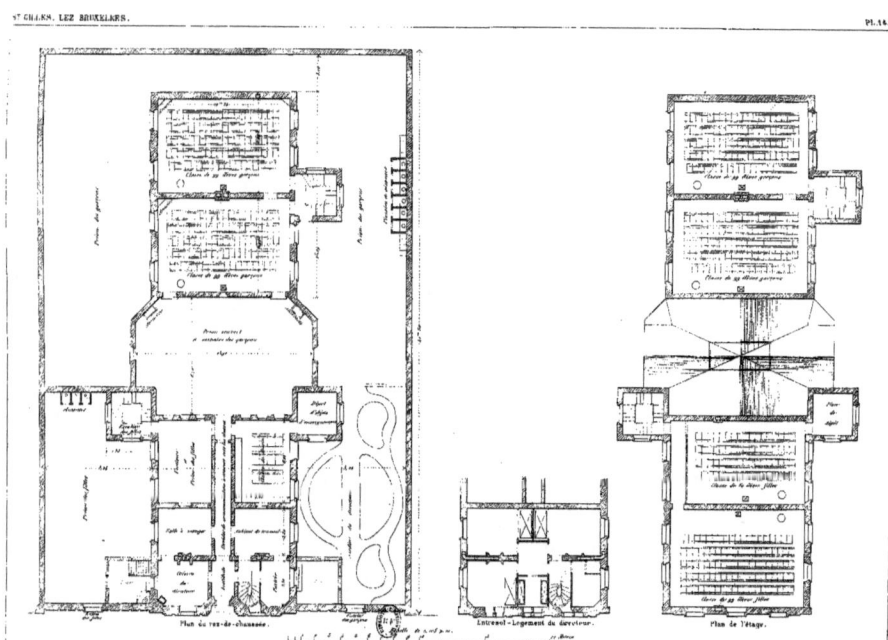

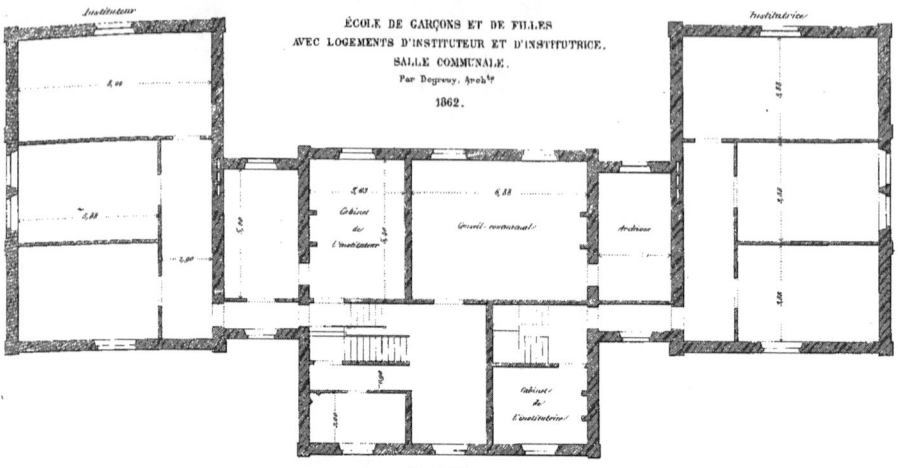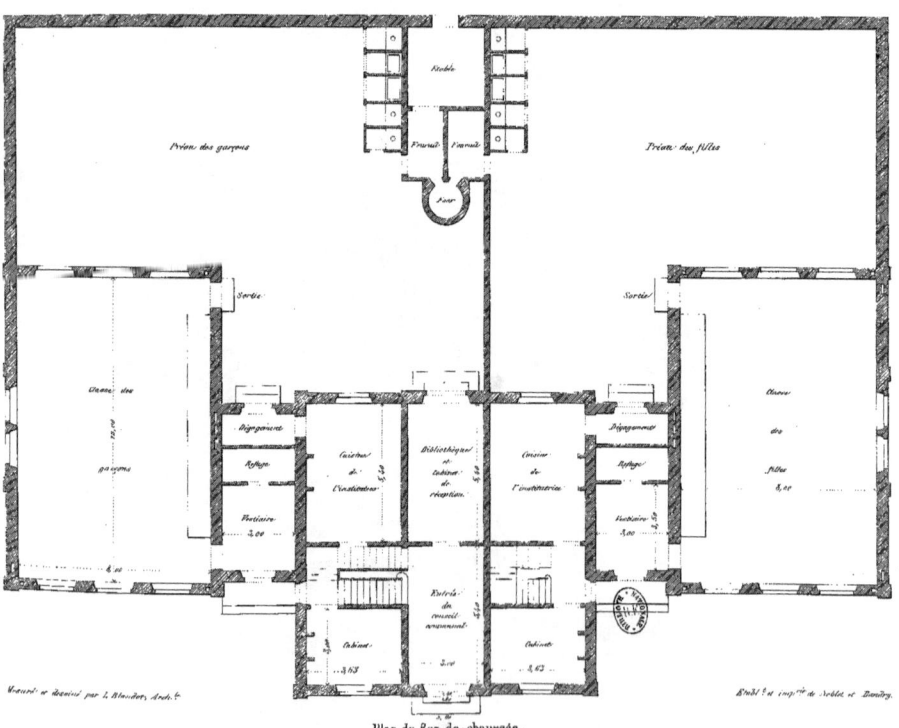

ÉCOLE DE GARÇONS ET DE FILLES, AVEC LOGEMENTS D'INSTITUTEUR ET D'INSTITUTRICE - SALLE COMMUNALE.
Par Dugercuy, Arch.ᵗᵉ
1862.
Façade principale.

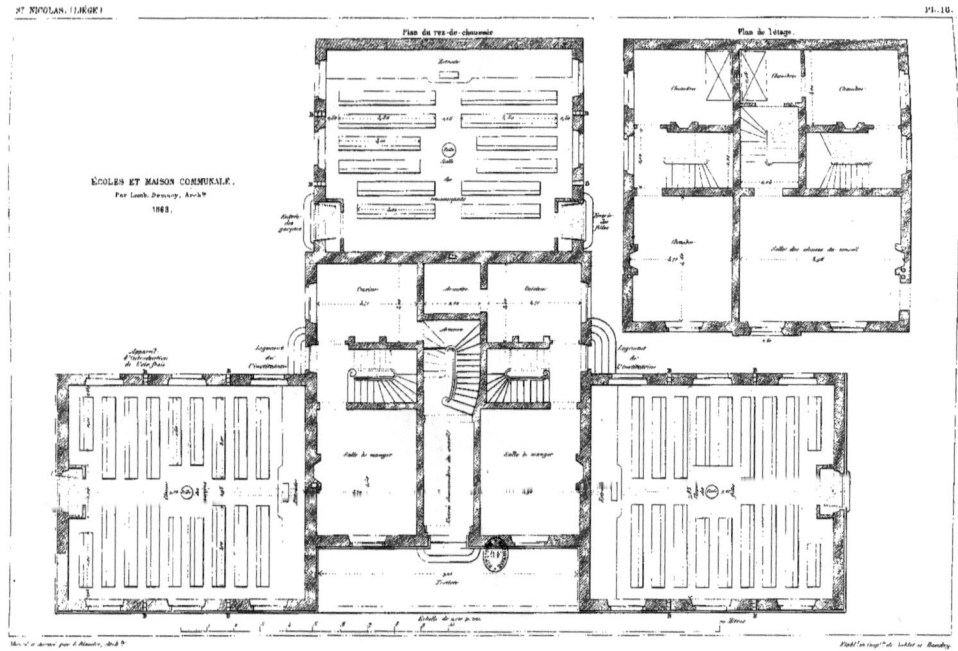

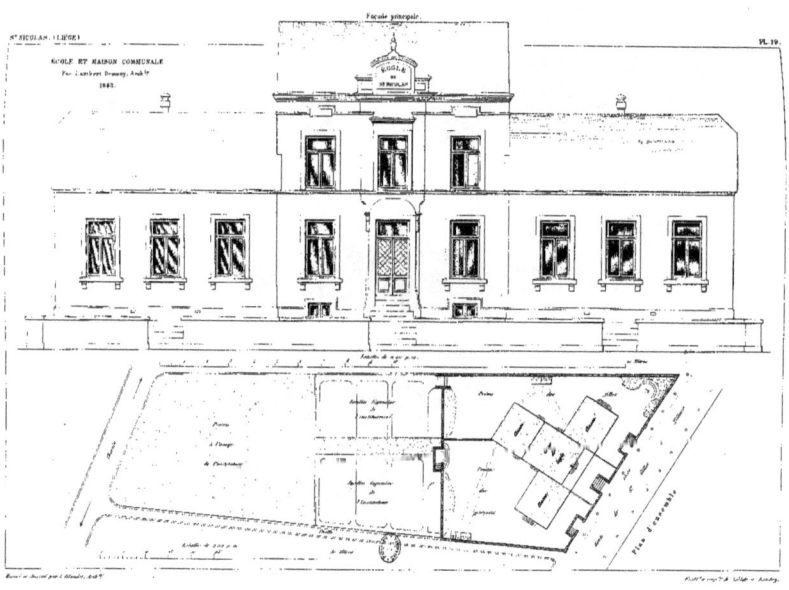

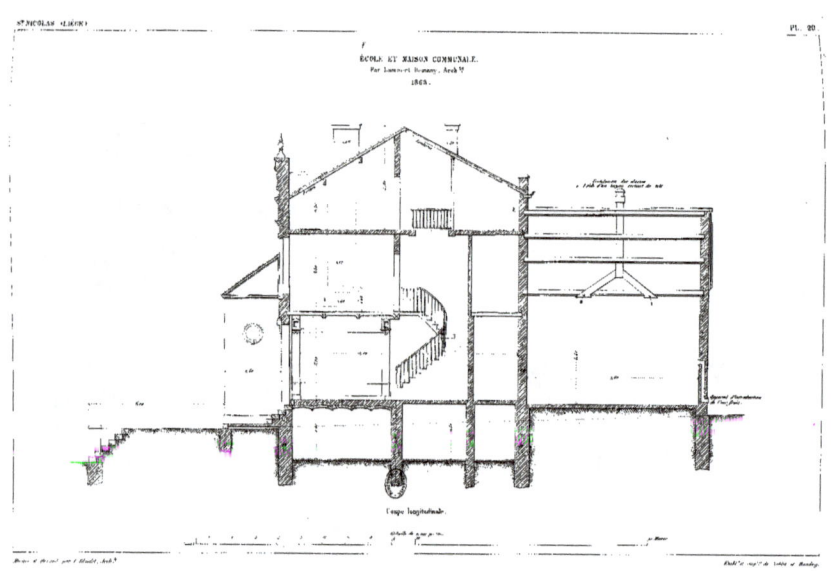

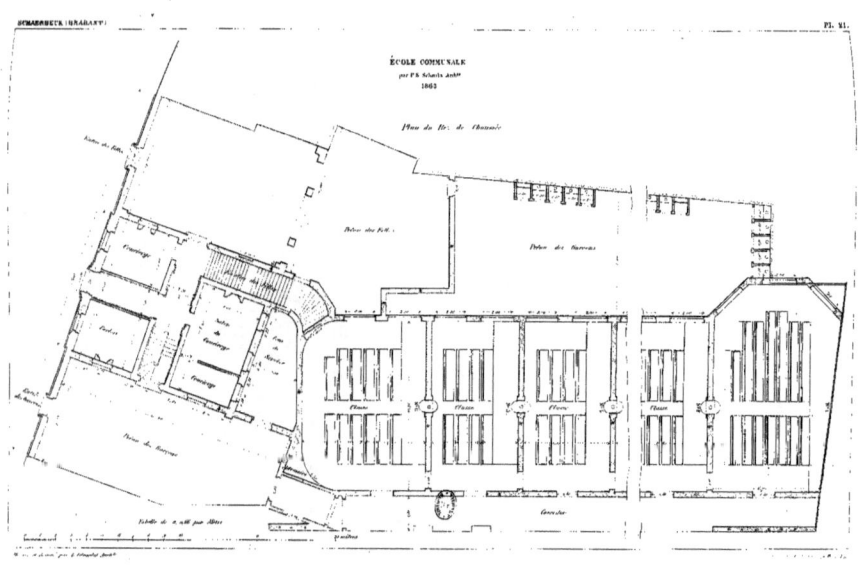

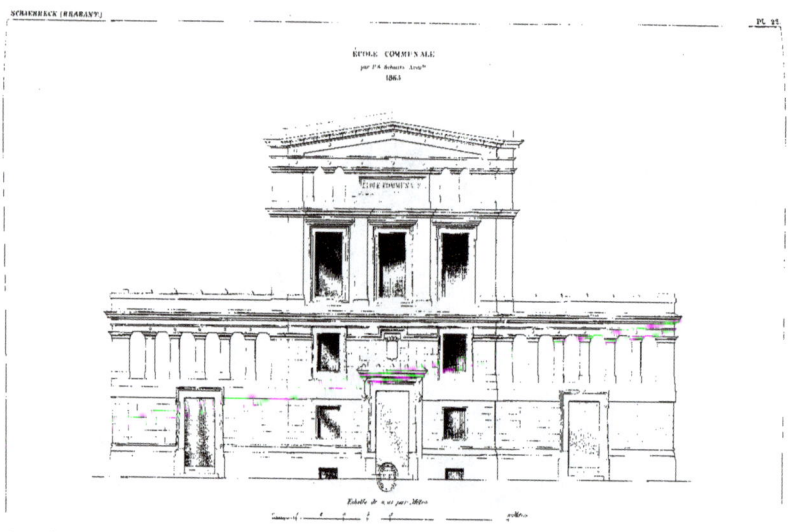

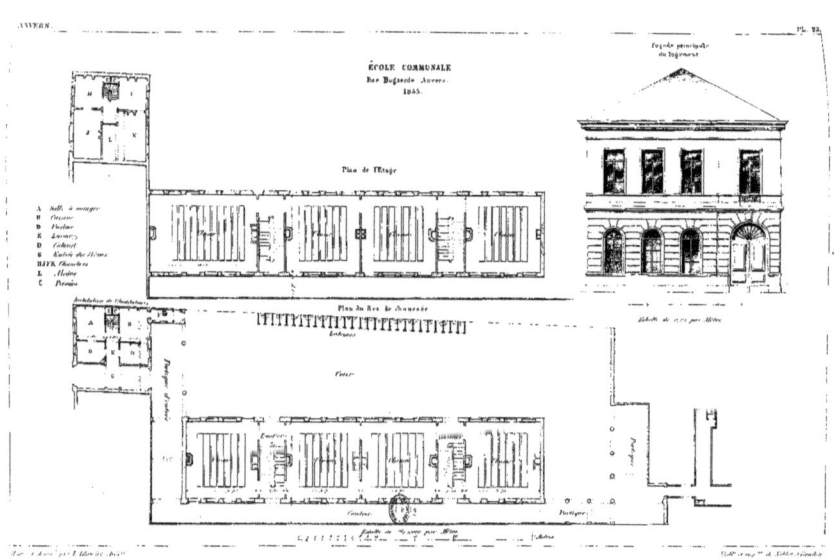

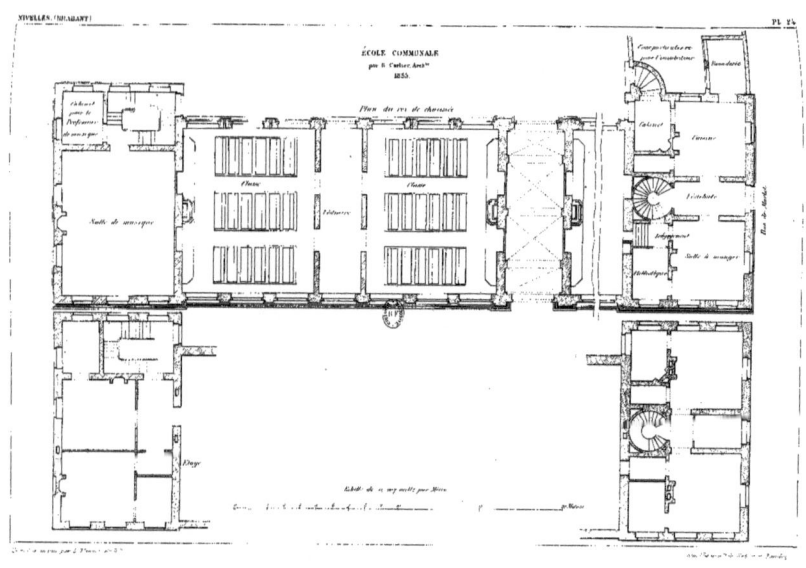

HOOREBEKE STE MARIE. (FLANDRE ORIENTALE).   PL. 25.

ÉCOLE COMMUNALE.
Par E. du Perris, Arch.te
1860.

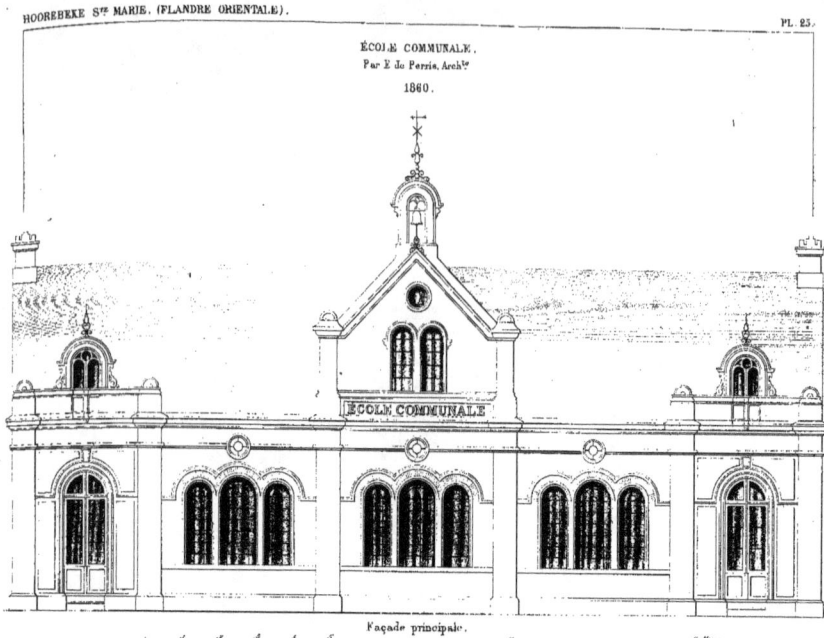

Façade principale.

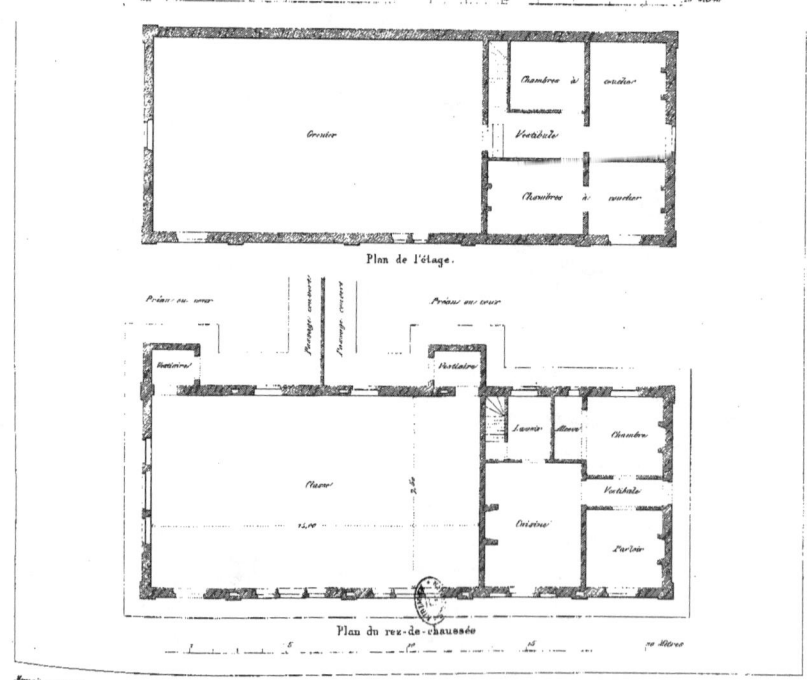

Plan de l'étage.

Plan du rez-de-chaussée.

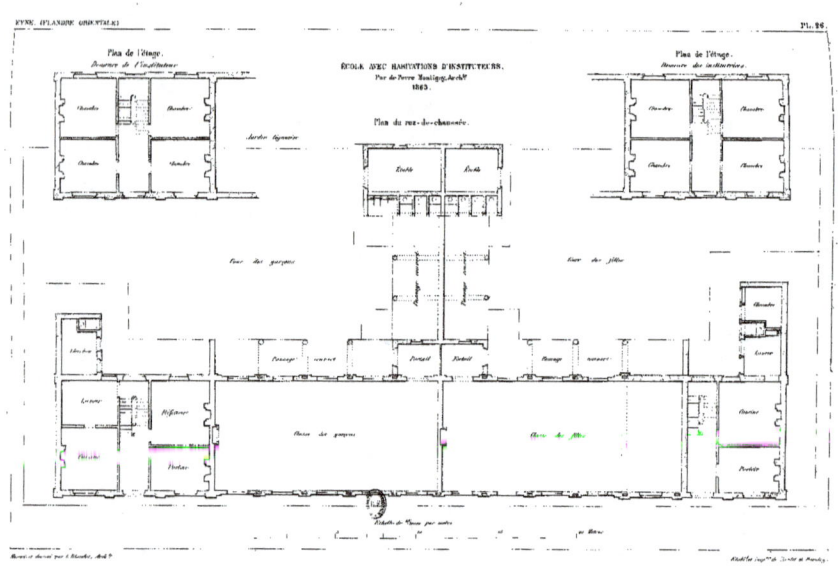

GRAND HALLEUX (LUXEMBOURG).　　　　　　　　　　　　　　　　　　　　　PL. 28.

ÉCOLE POUR LES DEUX SEXES
par I. Vandenyngaet, Arch.^{te} provincial
1863.

Étage.

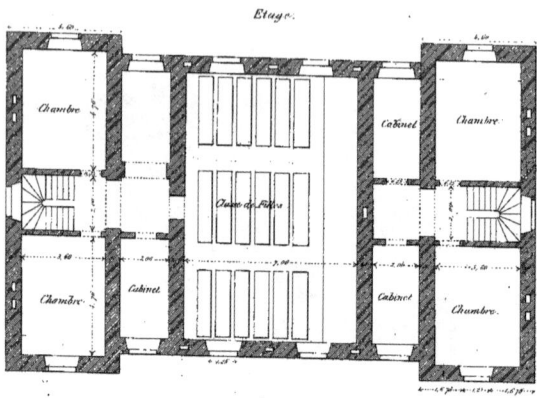

Rez-de-chaussée.

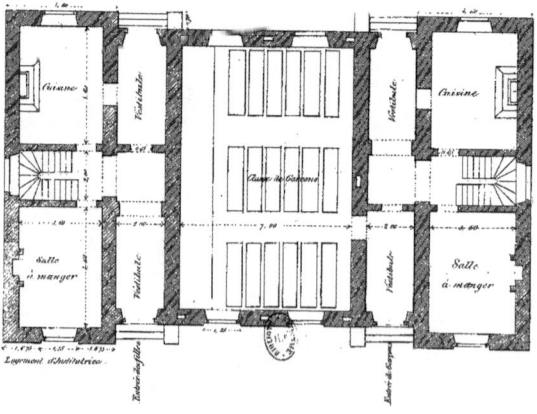

Échelle de 0.006^{me} par Mètre.

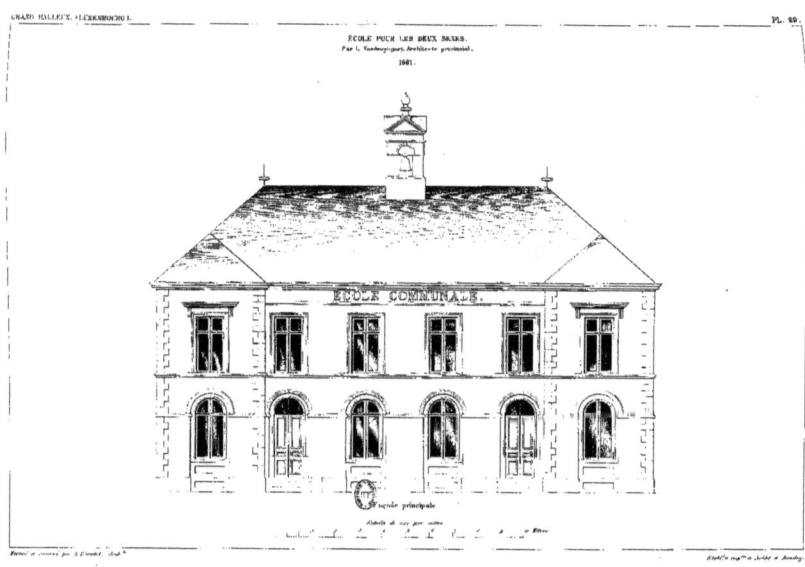

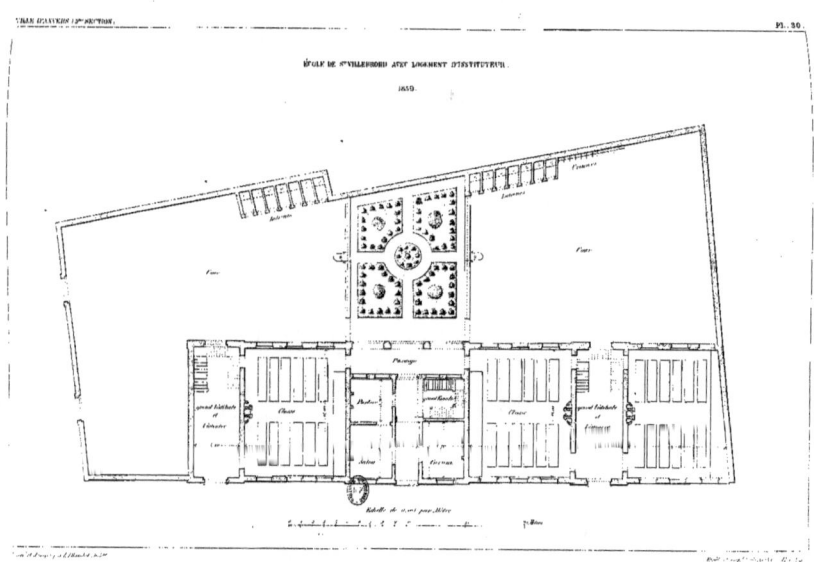

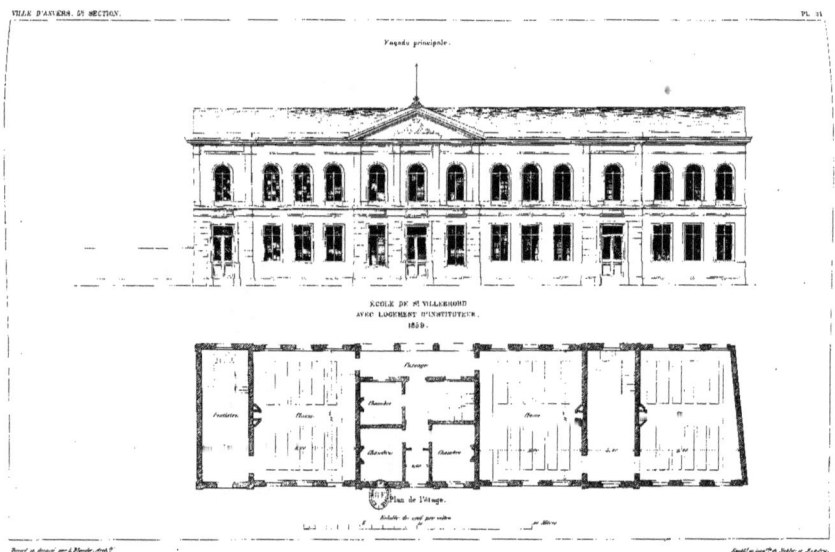

ÉCOLE DE St VILLERMOND
AVEC LOGEMENT D'INSTITUTEUR.
1859.

TINTANGE (LUXEMBOURG) PL. 32

ÉCOLE DES DEUX SEXES
par Vandenyngaert, Arch.^{te}
1860

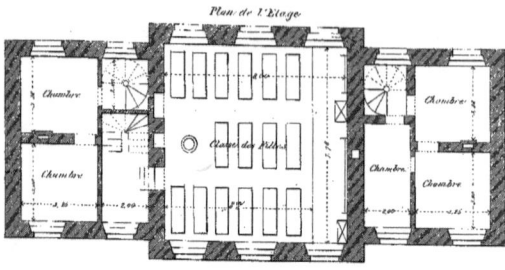

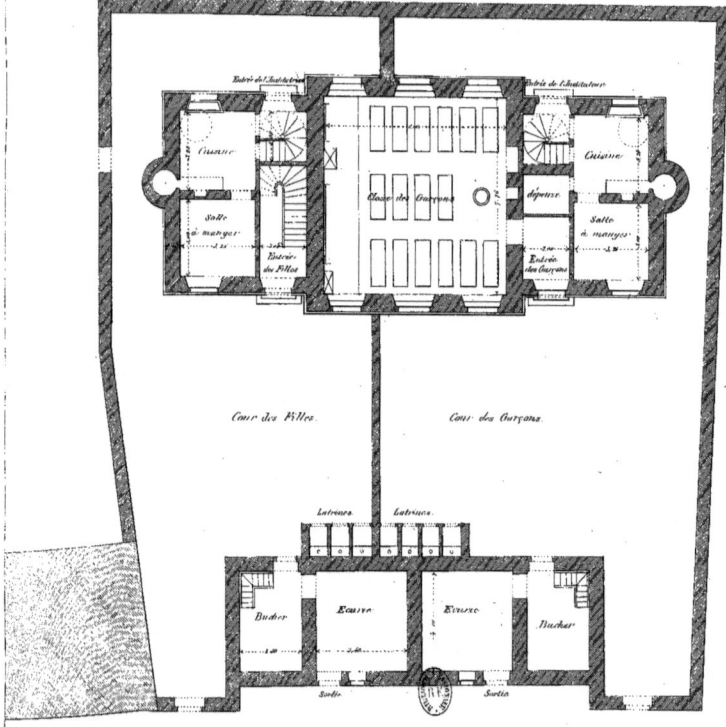

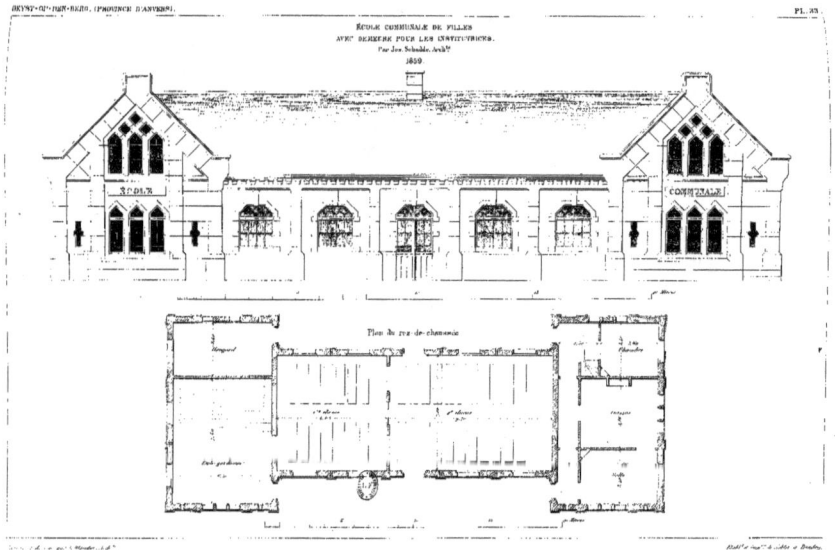

ARROND.t DE NIVELLES.   PL. 34.

ÉCOLE DE PERWEZ-BRABANT
par E. Coulon Arch.te
1856.

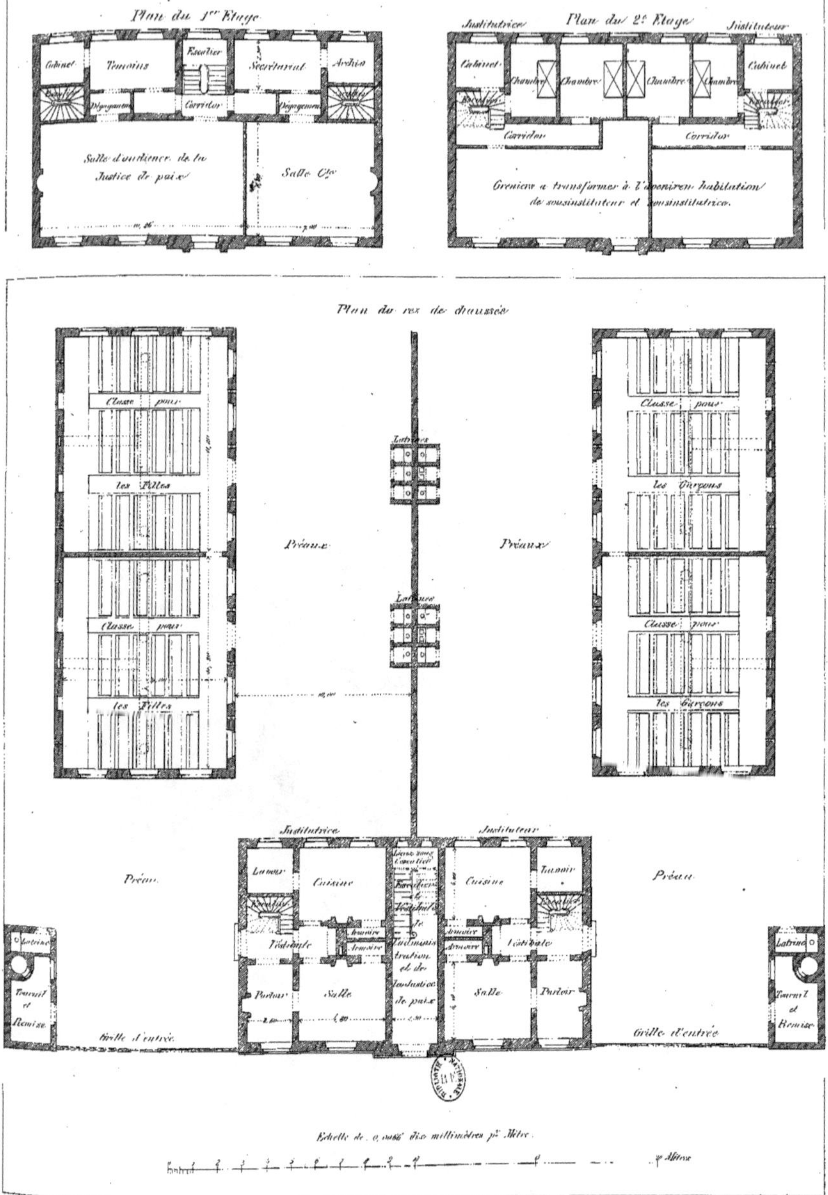

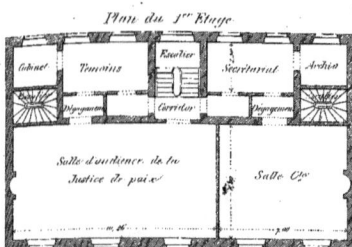

Plan du 1.er Étage

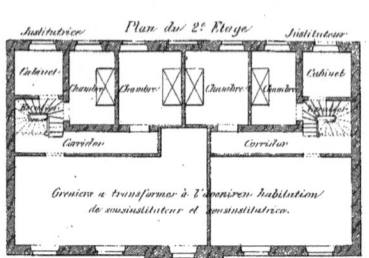

Plan du 2.e Étage

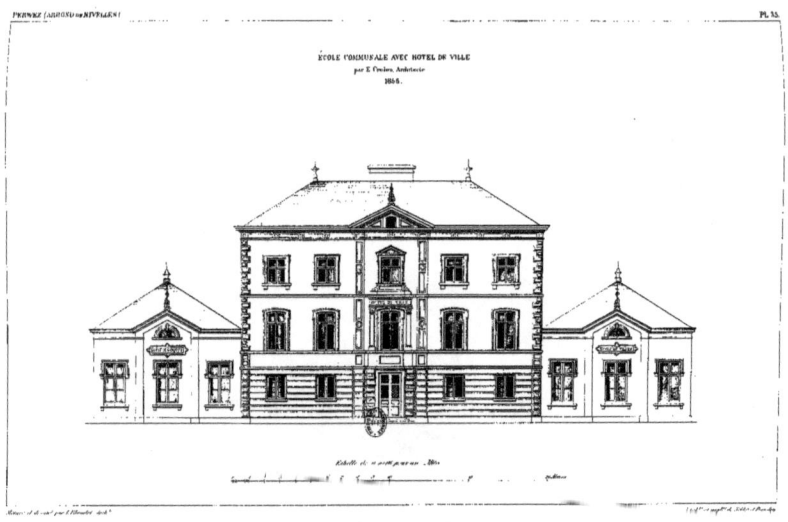

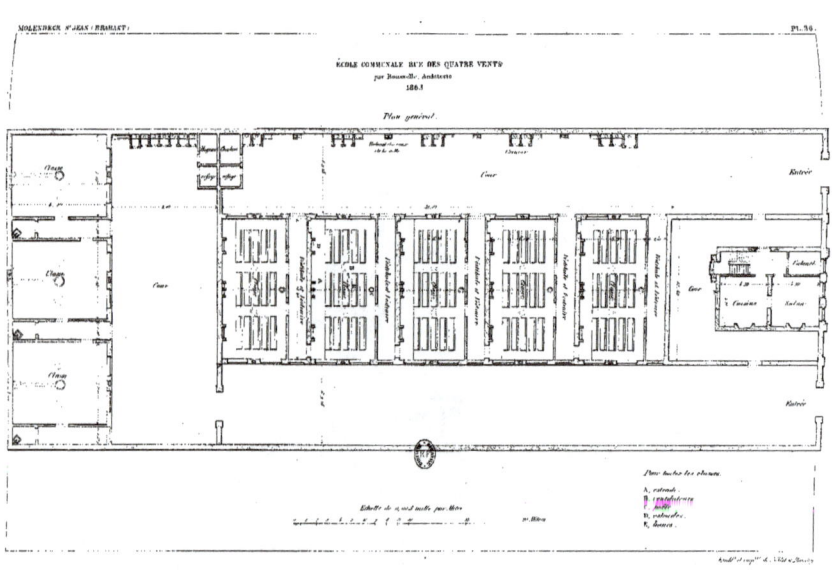

MOLENBECK St JEAN LEZ BRUXELLES.   PL. 37.

ÉCOLE COMMUNALE RUE DES QUATRE VENTS
par L. Rousselle, Architecte.
1863.

Façade principale

MALLIEUE (PROVINCE DE LIÉGE).

ÉCOLE COMMUNALE
par L. Blandot Arch.te
1863.

Plan du Rez de chaussée.

Façade principale

Plan du 1.er Étage

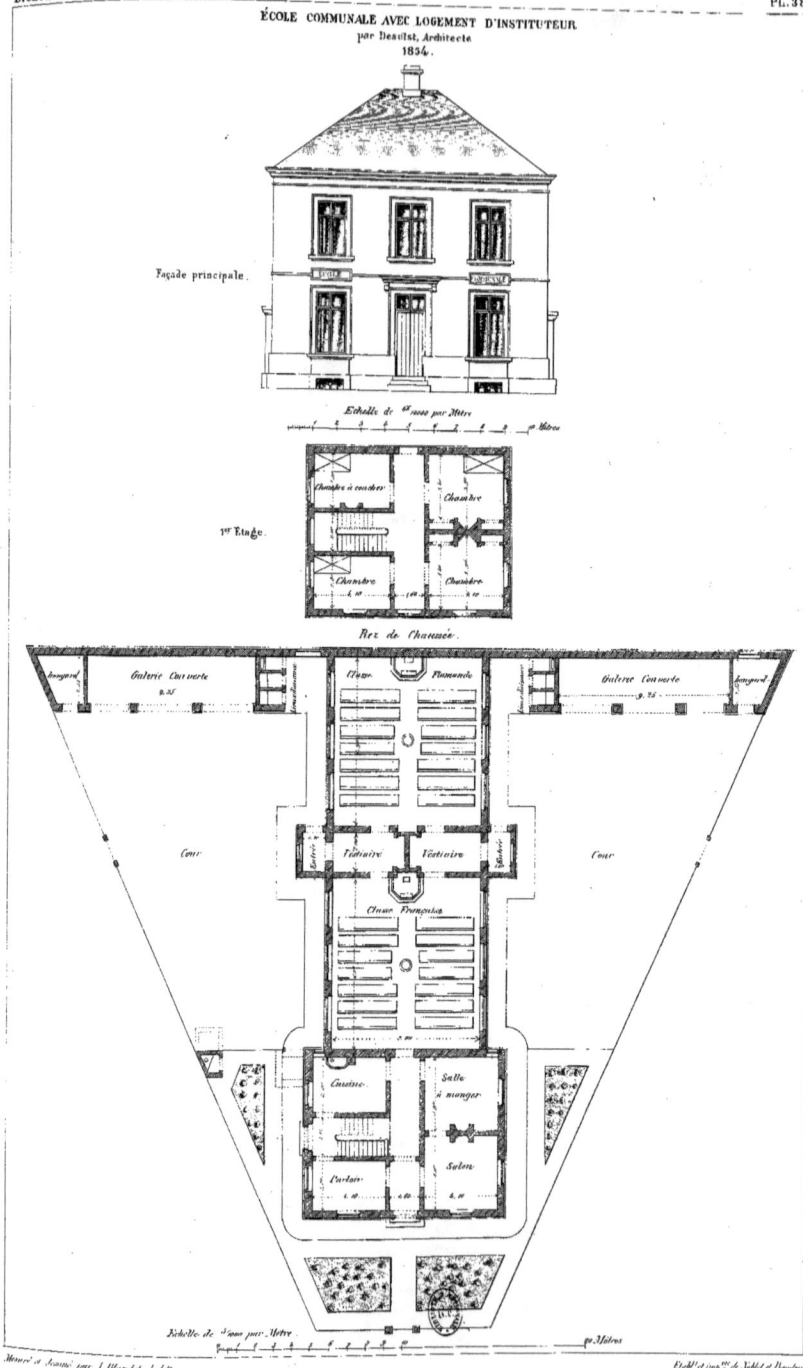

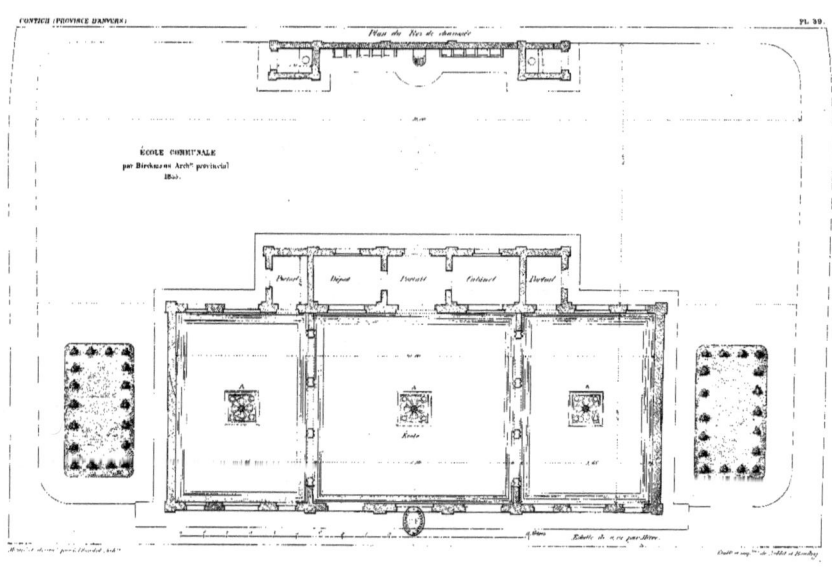

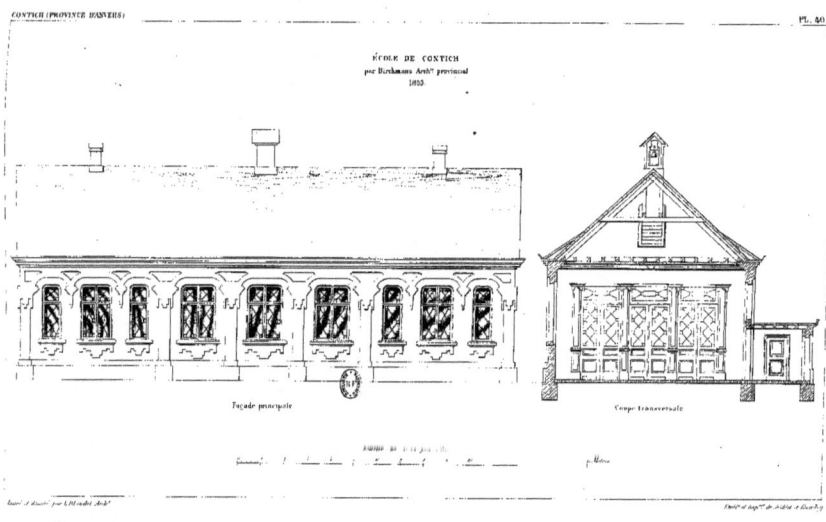

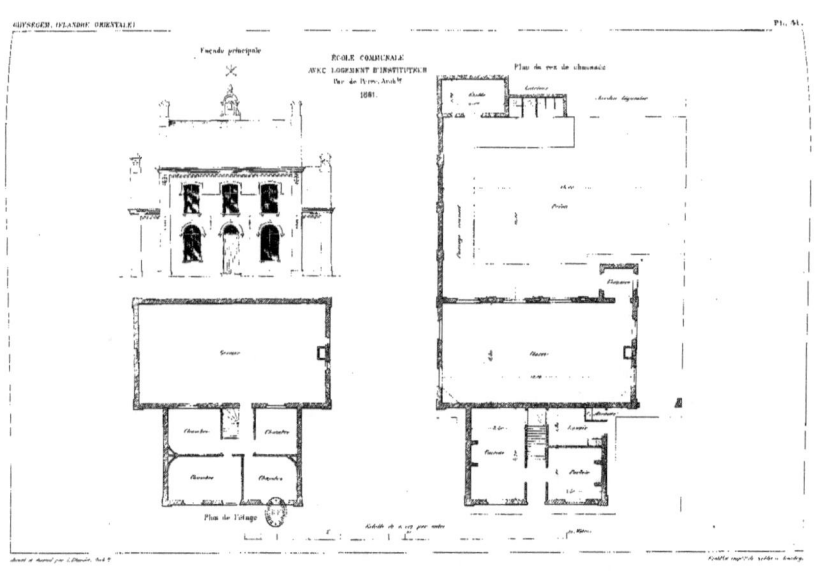

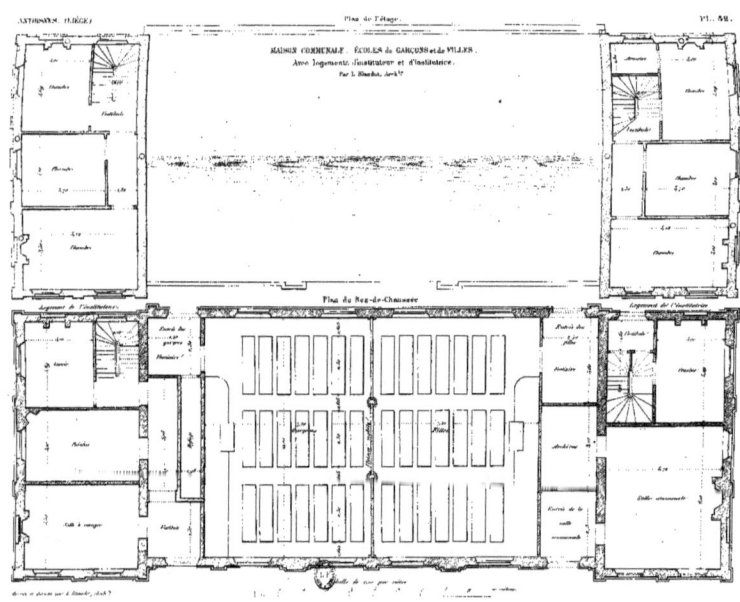

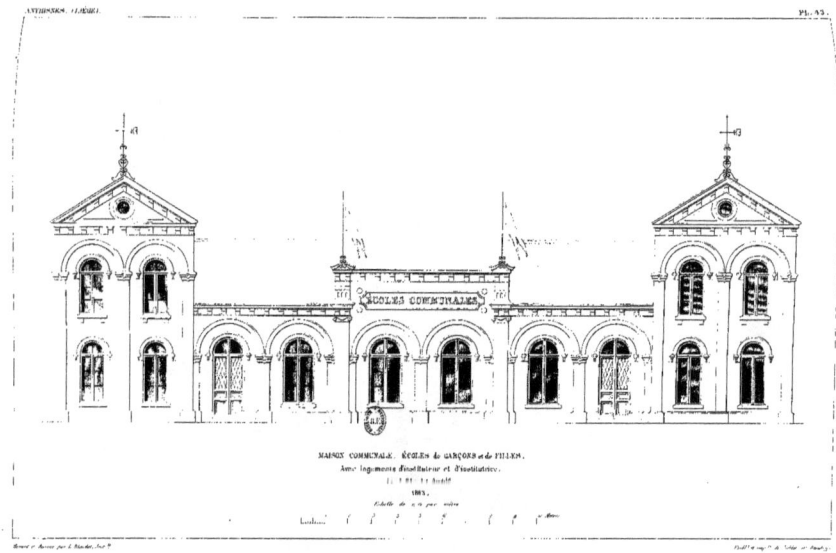

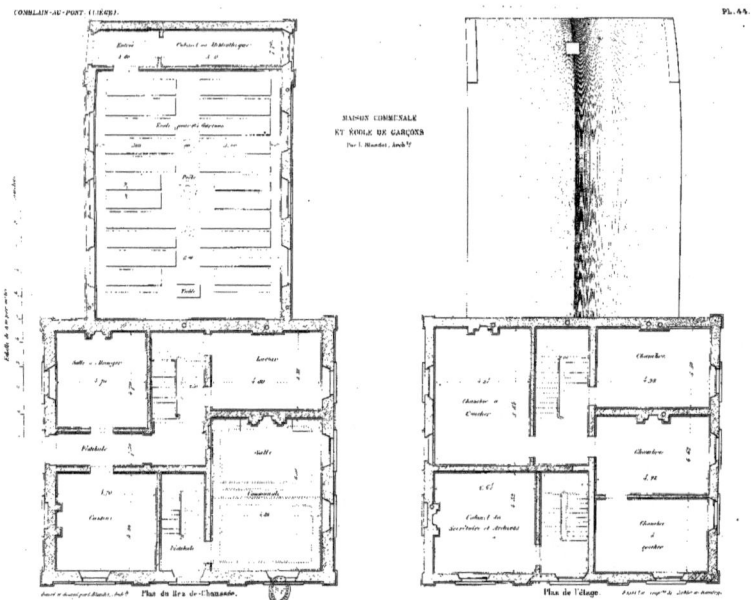

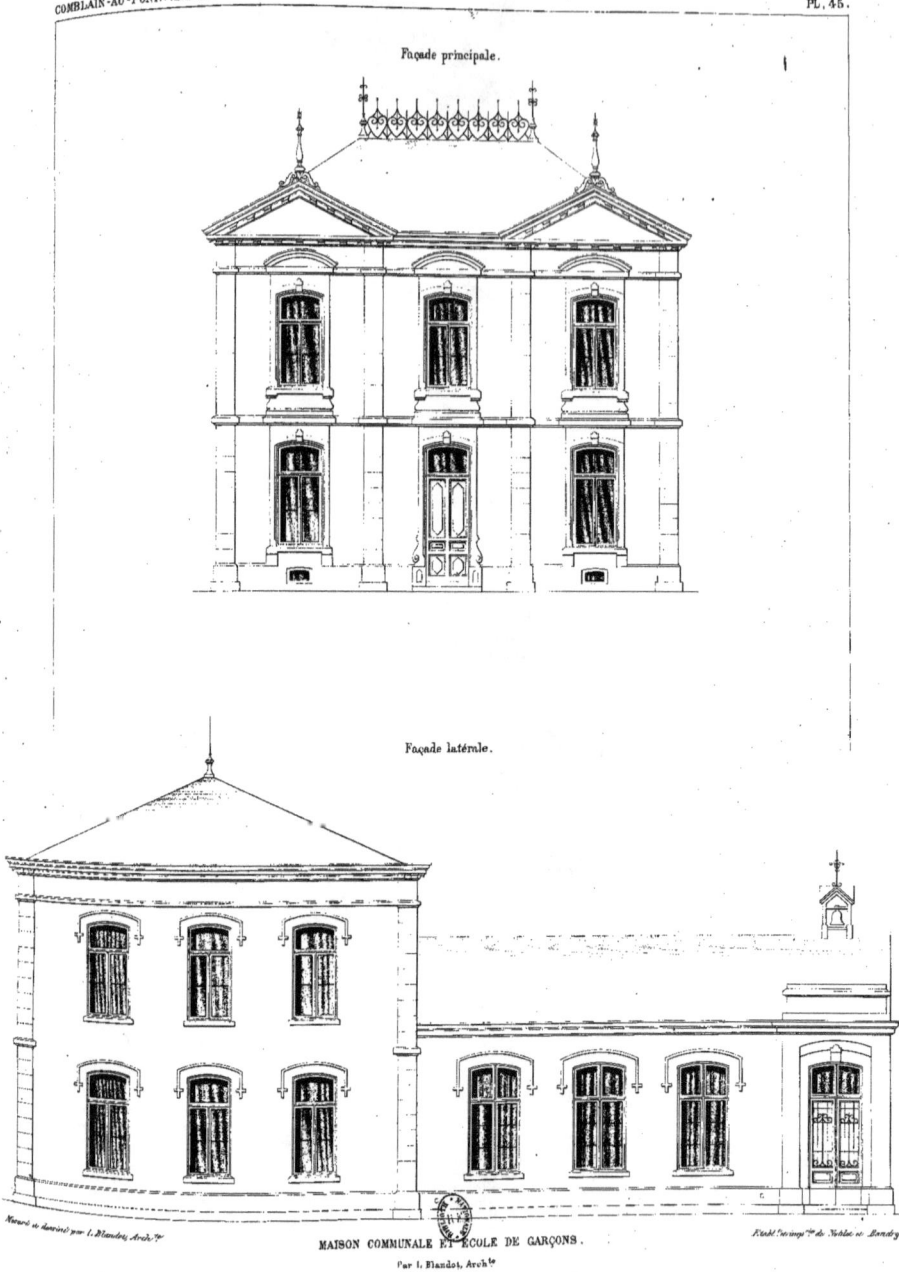

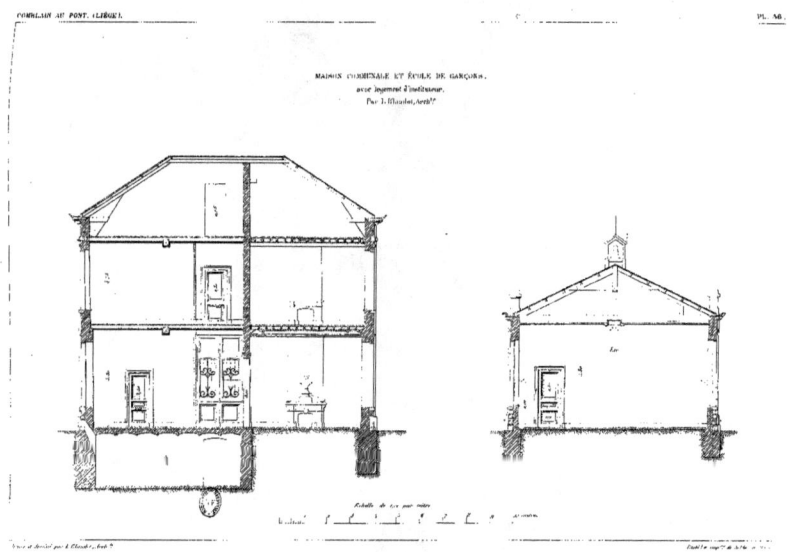

MAISON COMMUNALE ET ÉCOLE DE GARÇONS,
avec logement d'instituteur.
Par L. Blandot, arch.

GAND (FLANDRE ORIENTALE)   Pl. 47.

ÉCOLE DE FILLES ET ÉCOLE GARDIENNE DU QUARTIER SPANNE
par de Perre, Architecte.
1860.

Plan

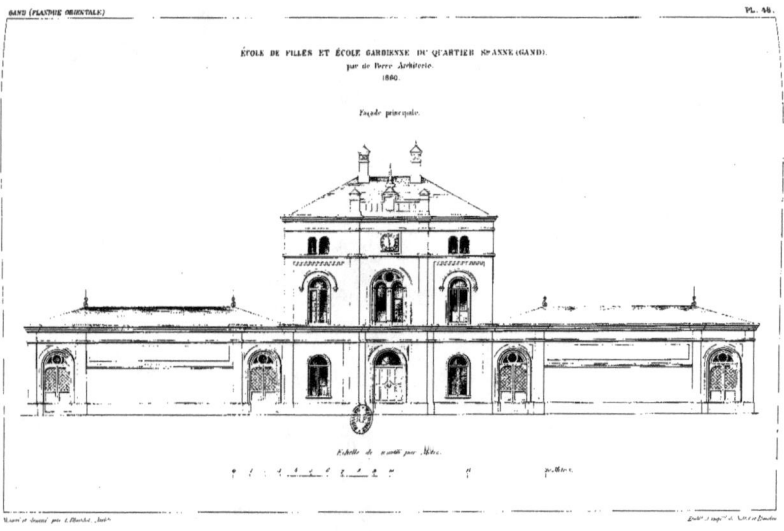

ÉCOLE DE FILLES ET ÉCOLE GARDIENNE DU QUARTIER Ste ANNE (GAND).
par de Perre Architecte.
1860.

Façade principale.

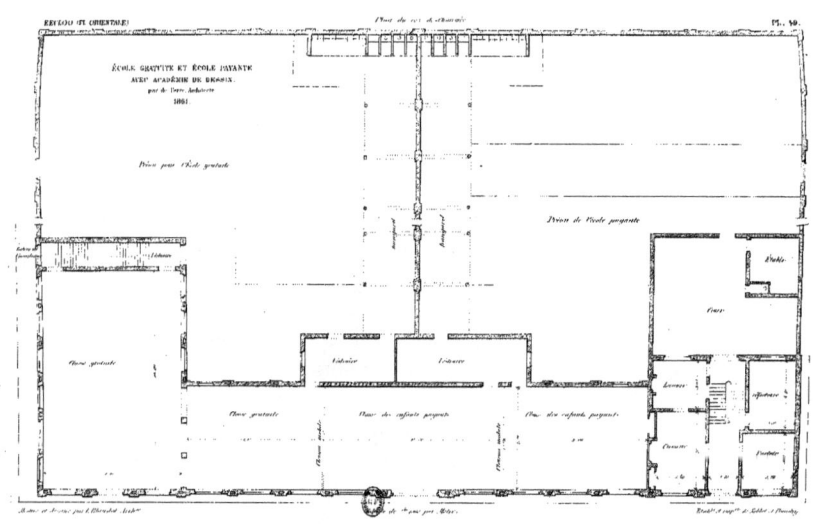

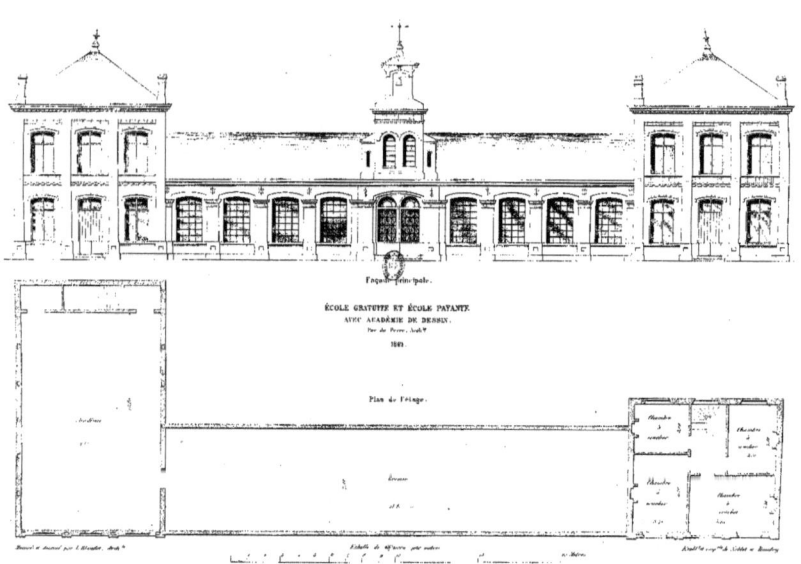

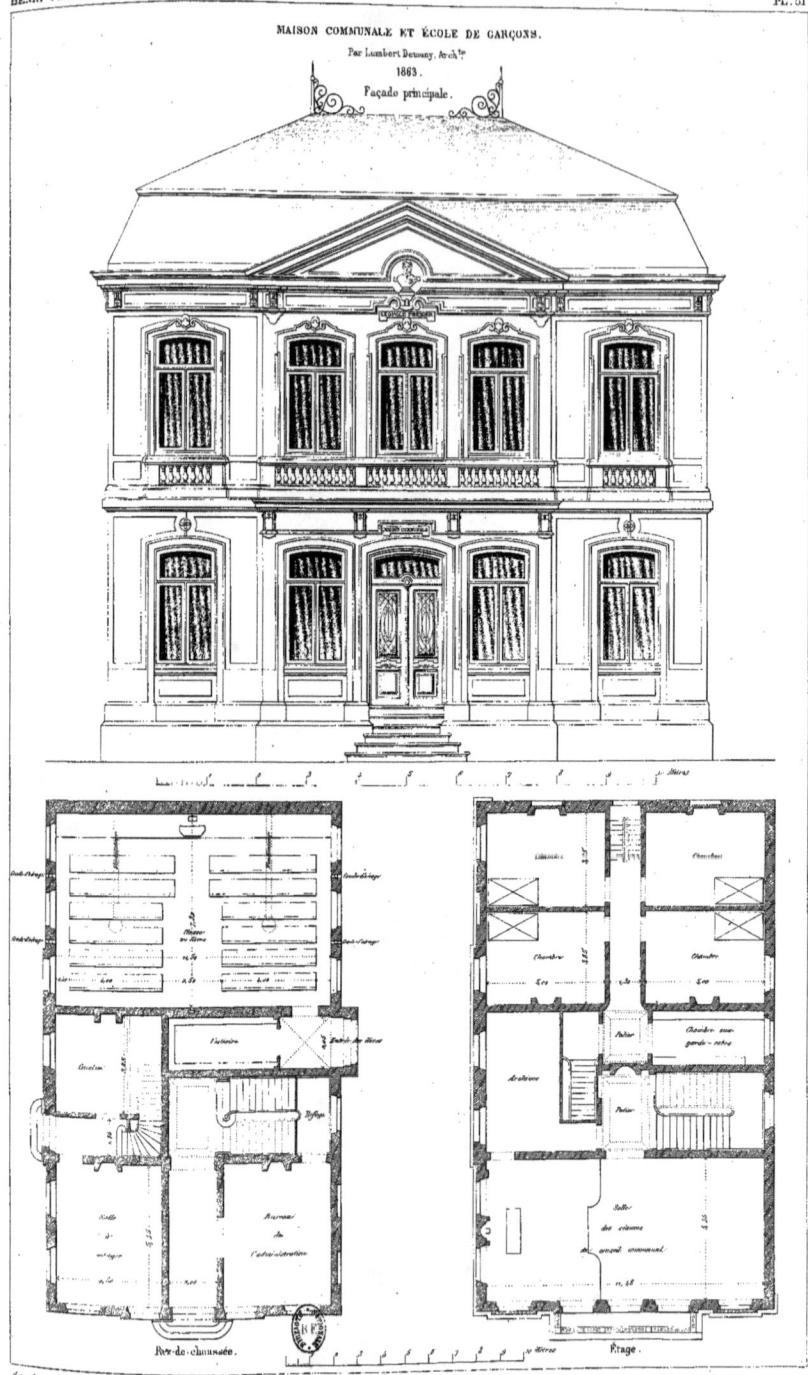

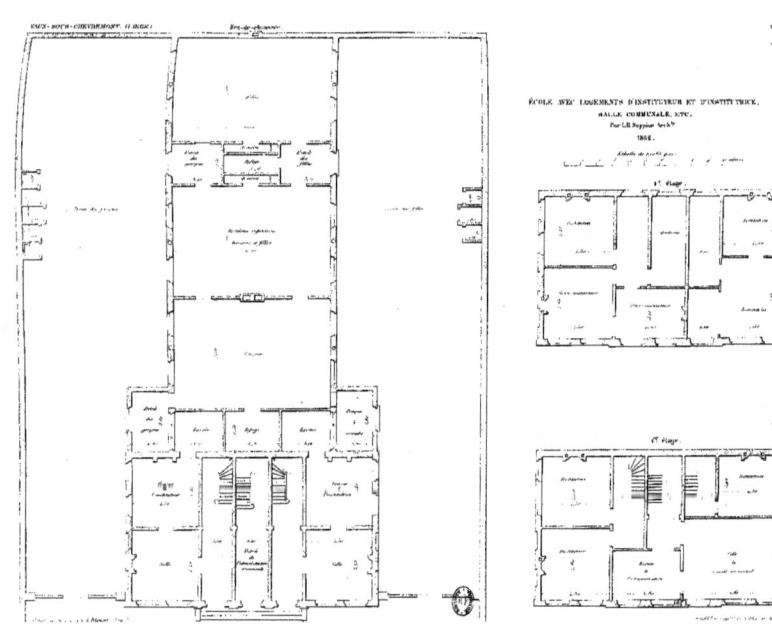

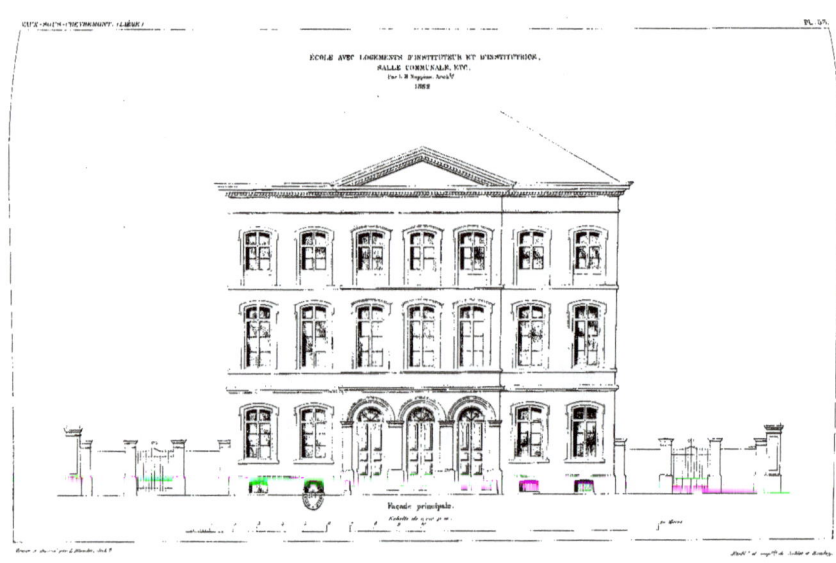

BERLAERE (FLANDRE ORIENTALE). PL. 54.

ÉCOLE COMMUNALE
par de Perre Arch.te
1861.

Plan de l'Etage.

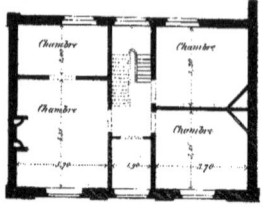

Plan du Rez de Chaussée.

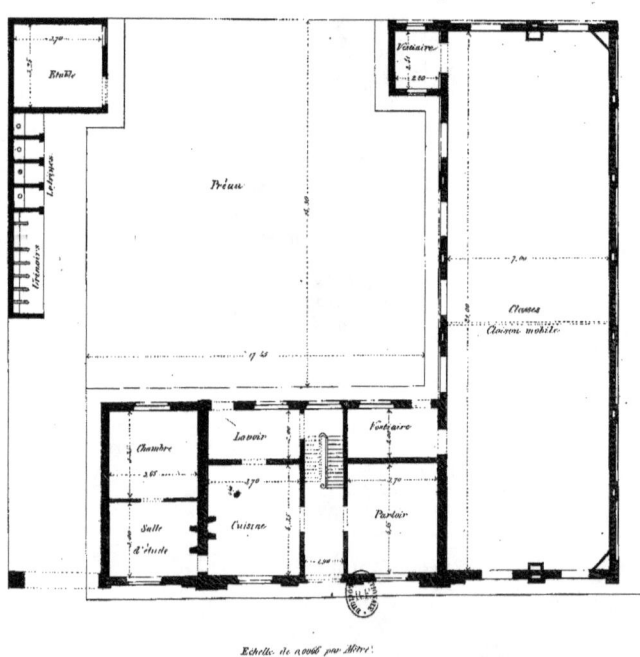

Echelle de 0,006 par Mètre.

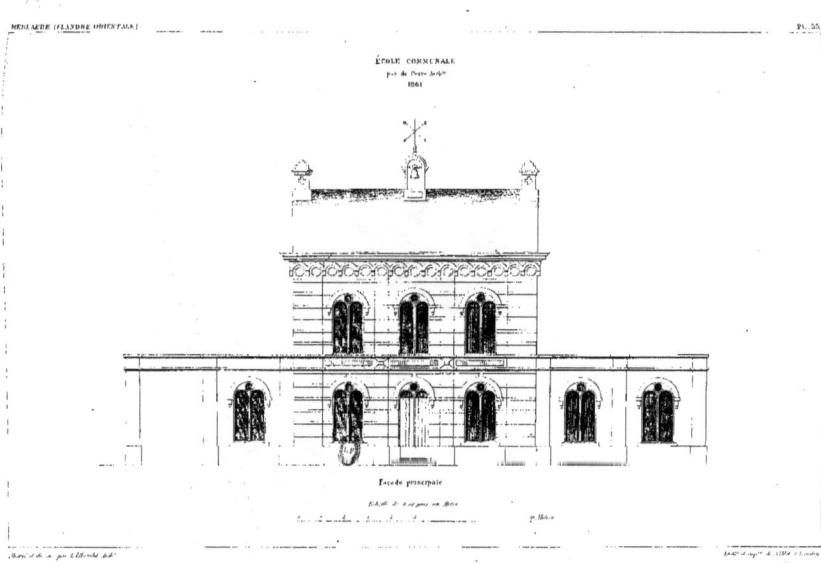

ÉCOLE COMMUNALE

Façade principale

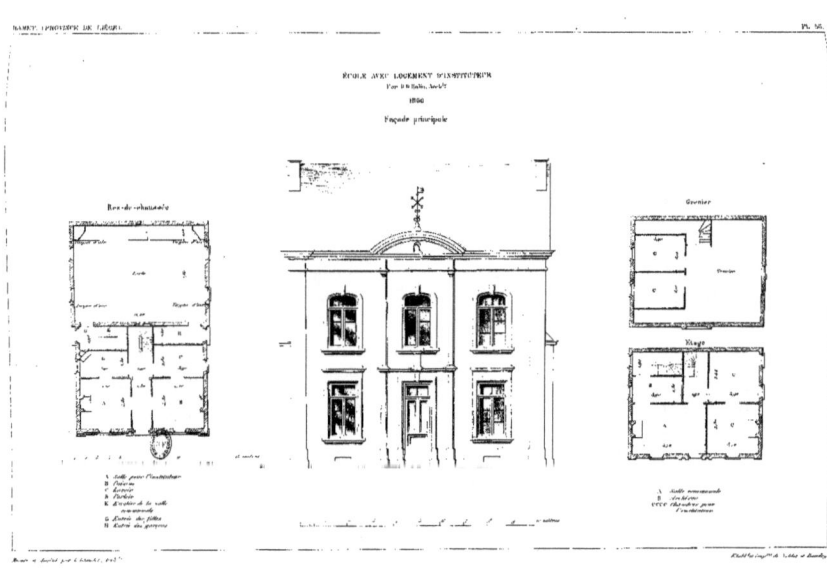

DISON. (LIÉGE) PL. 57.

ÉCOLES COMMUNALES.
Par J.J Humblot, Arch.^{te} communal à Dison.
1862.

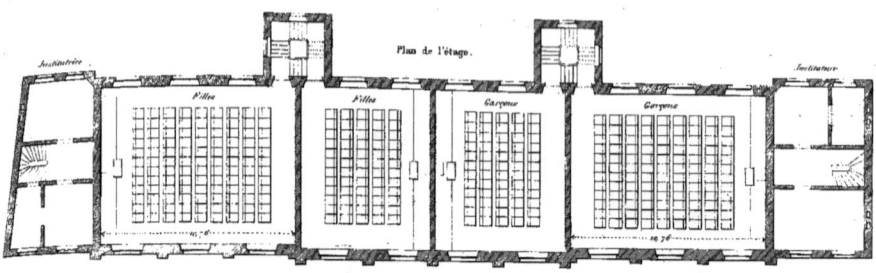

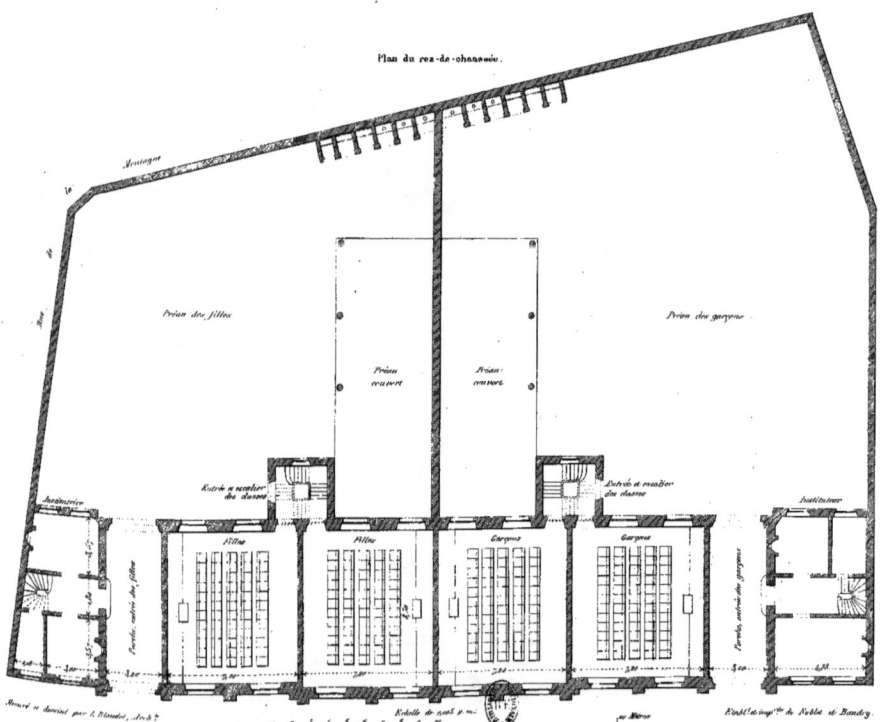

ÉCOLES COMMUNALES.
Par J. Humblet, Arch.te communal à Dison
1862.

Façade principale.

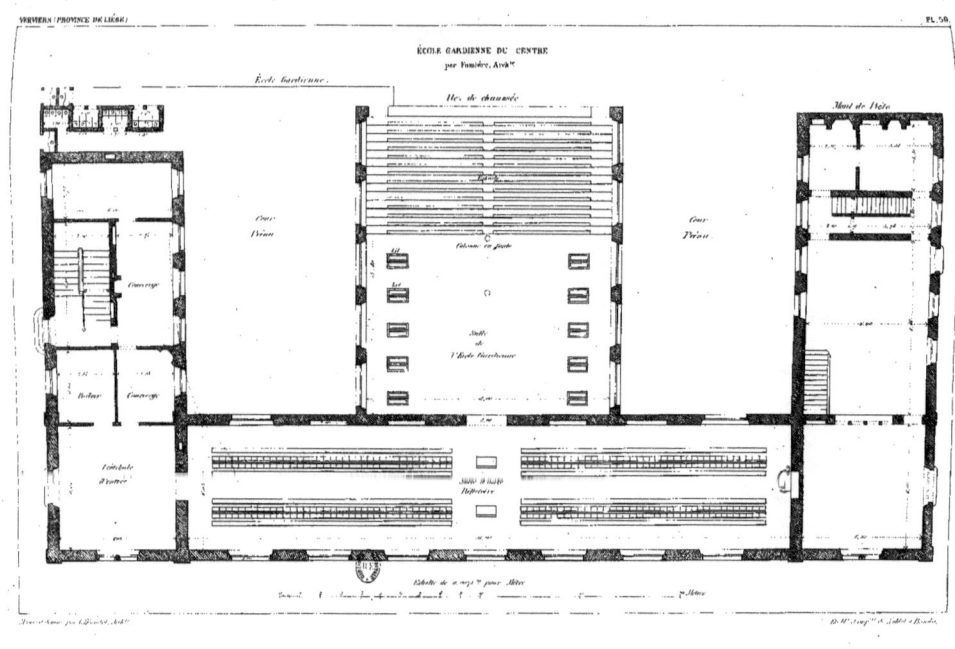

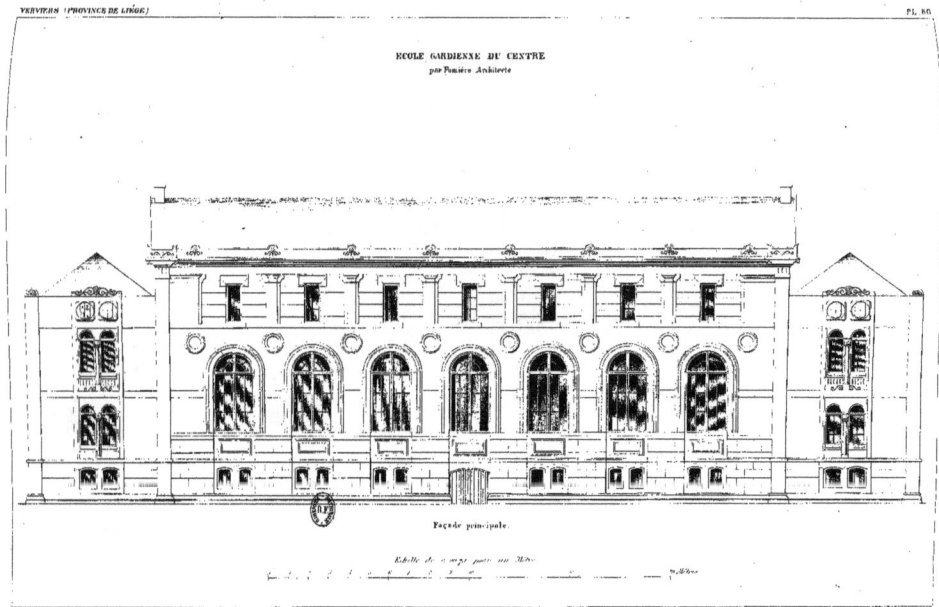

BASECLES (HAINAUT ARROND! D'ATH) PL. 61.

ÉCOLES AVEC LOGEMENTS D'INSTITUTEUR ET D'INSTITUTRICE SALLE COMM.le
par Ch. Vincent, Architecte.

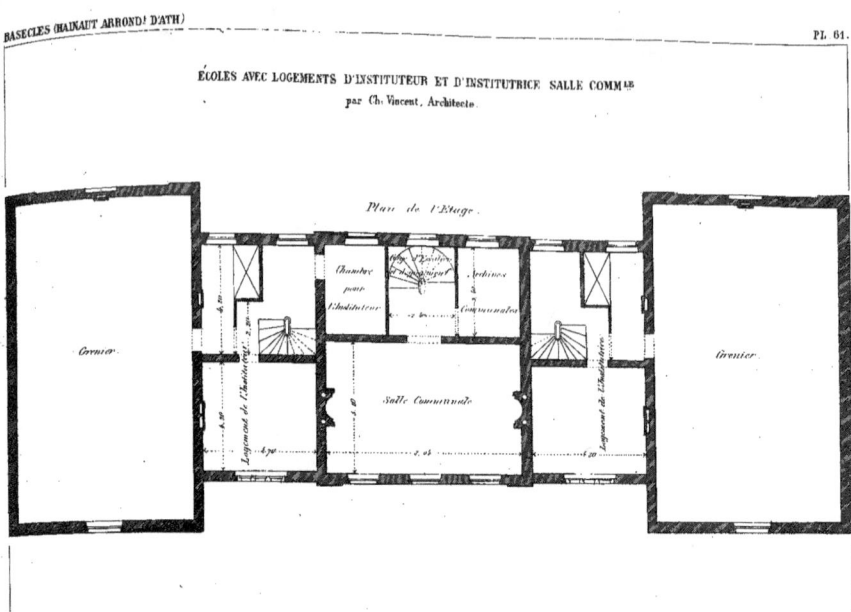

Plan de l'Étage.

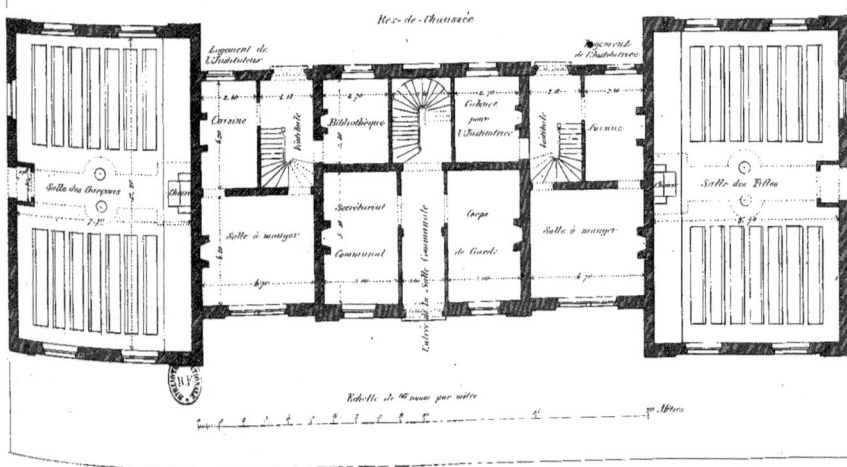

Rez-de-Chaussée.

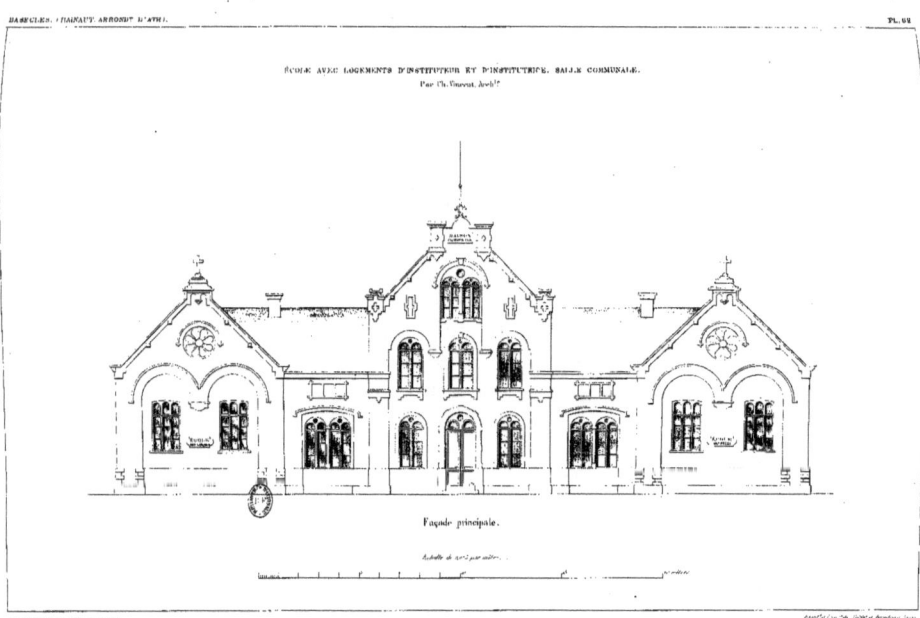

ÉCOLE AVEC LOGEMENTS D'INSTITUTEUR ET D'INSTITUTRICE. SALLE COMMUNALE.

Façade principale.

DAMME (FLANDRE OCCIDENTALE). Pl. 63.

ÉCOLE PRIMAIRE DE FILLES
par P. Burggh, Architecte.
1860.

Façade principale.

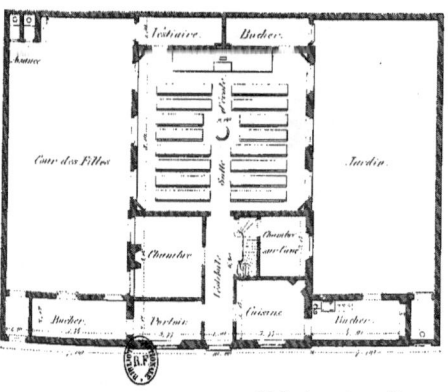

Rez de chaussée.

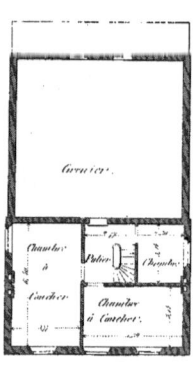

Etage.

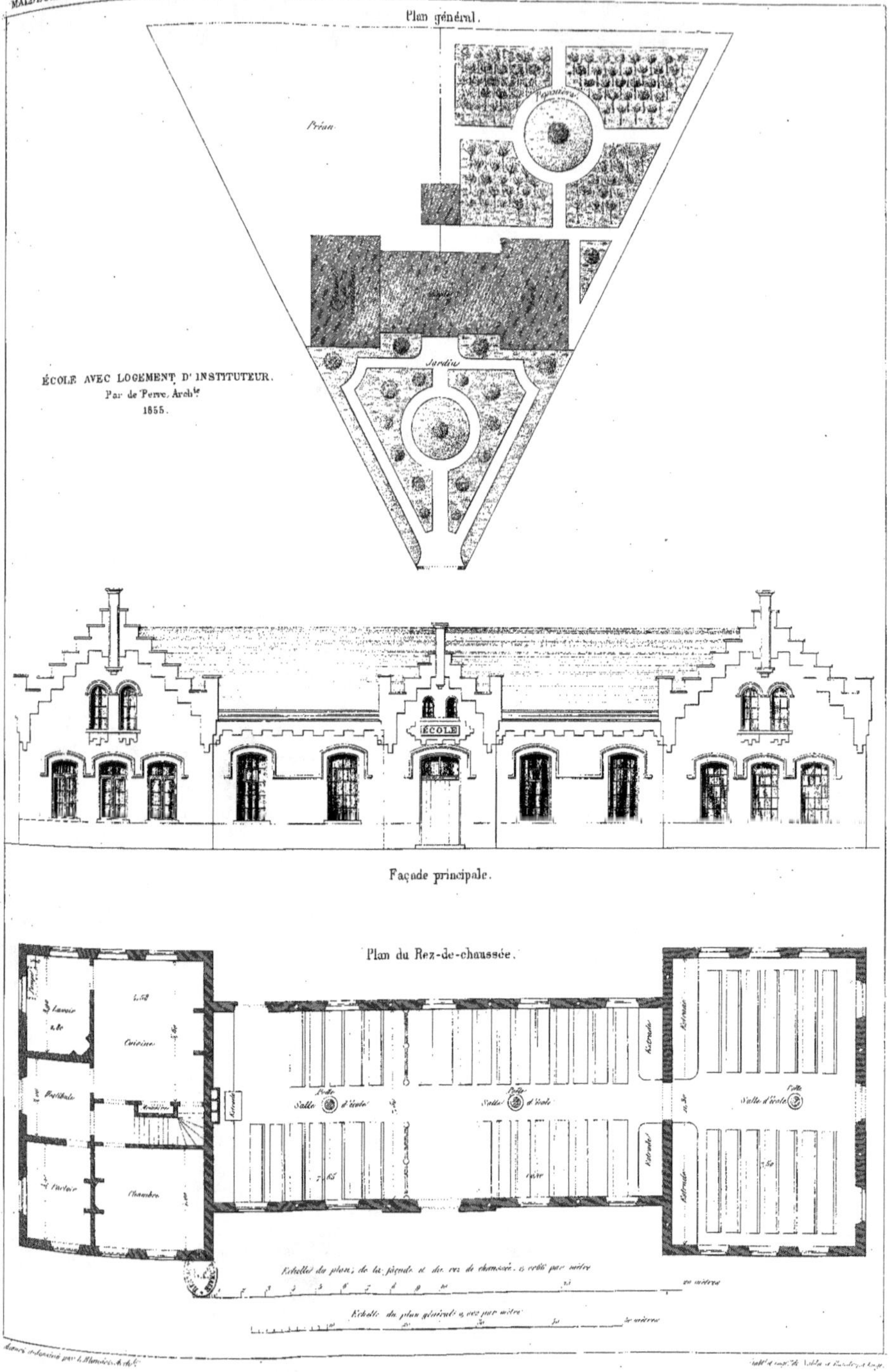

MALDEGHEM. (FLANDRE ORIENTALE.)

Pl. 64.

Plan général.

ÉCOLE AVEC LOGEMENT D'INSTITUTEUR.
Par de Perre, Arch.te
1855.

Façade principale.

Plan du Rez-de-chaussée.

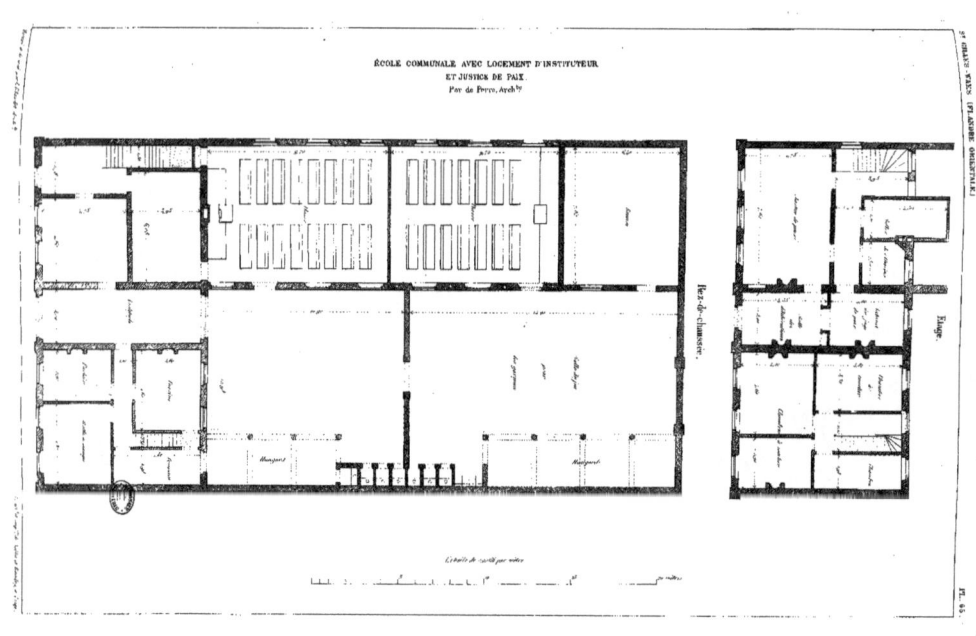

ÉCOLE COMMUNALE AVEC LOGEMENT D'INSTITUTEUR ET JUSTICE DE PAIX.
Par de Perre, Arch.te

Coupe suivant AB.

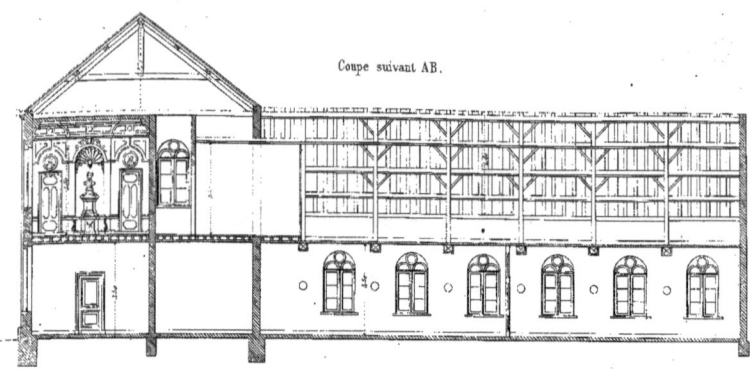

Façade principale.

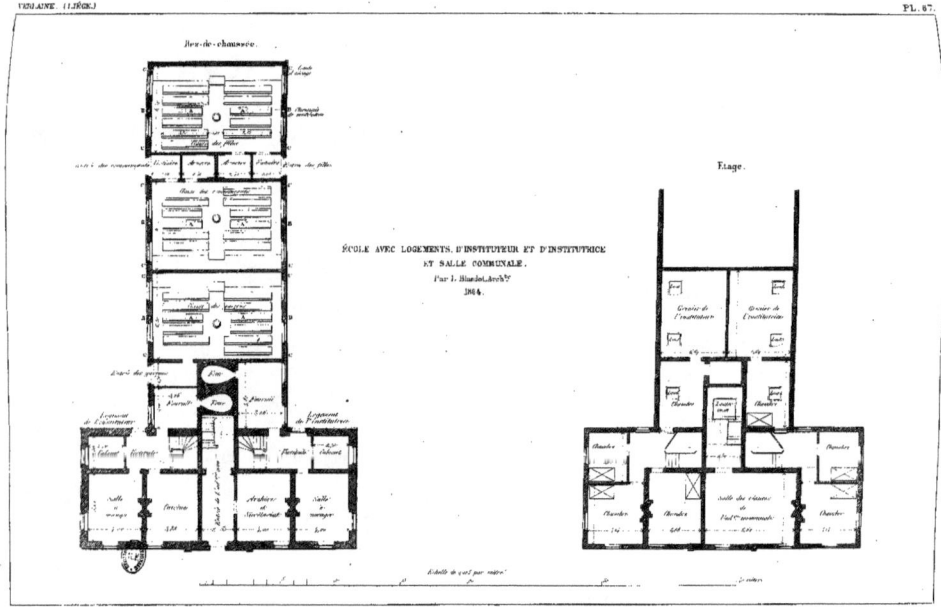

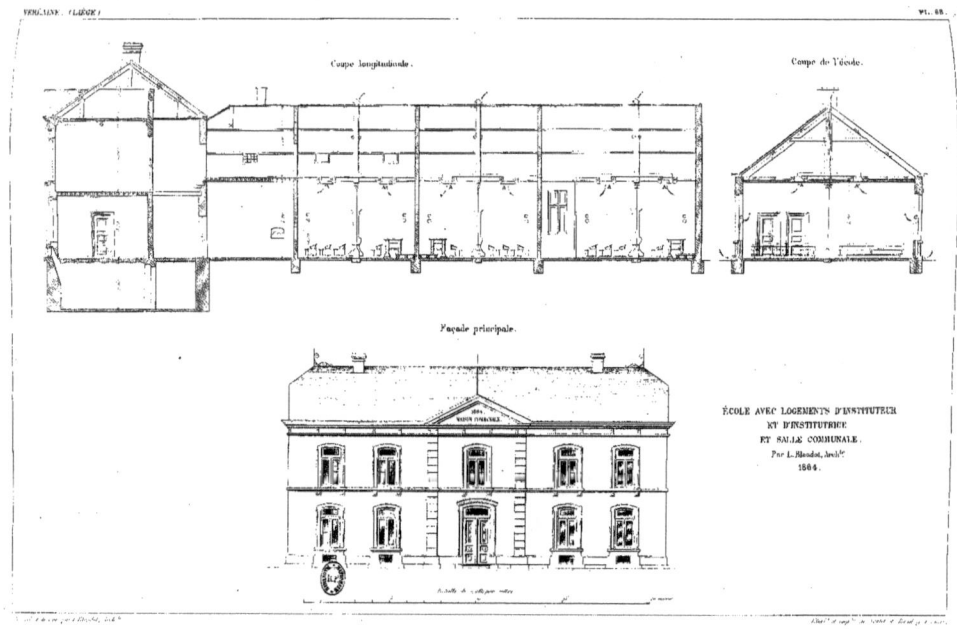

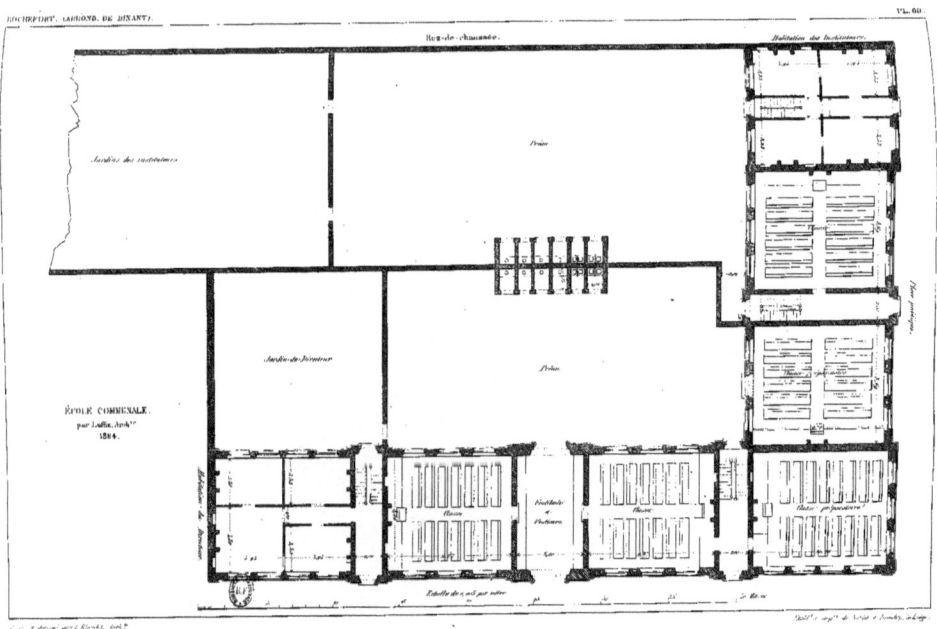

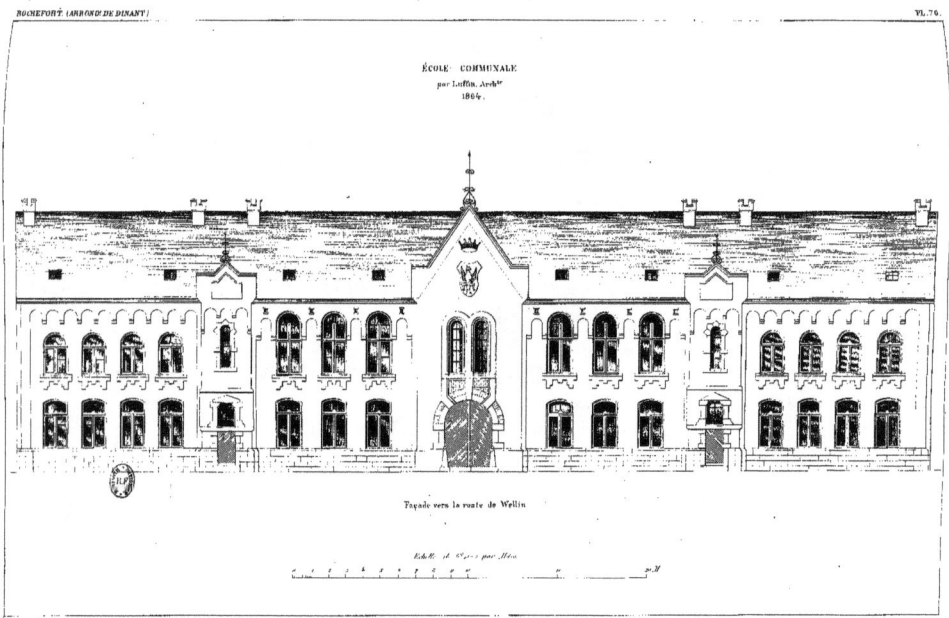

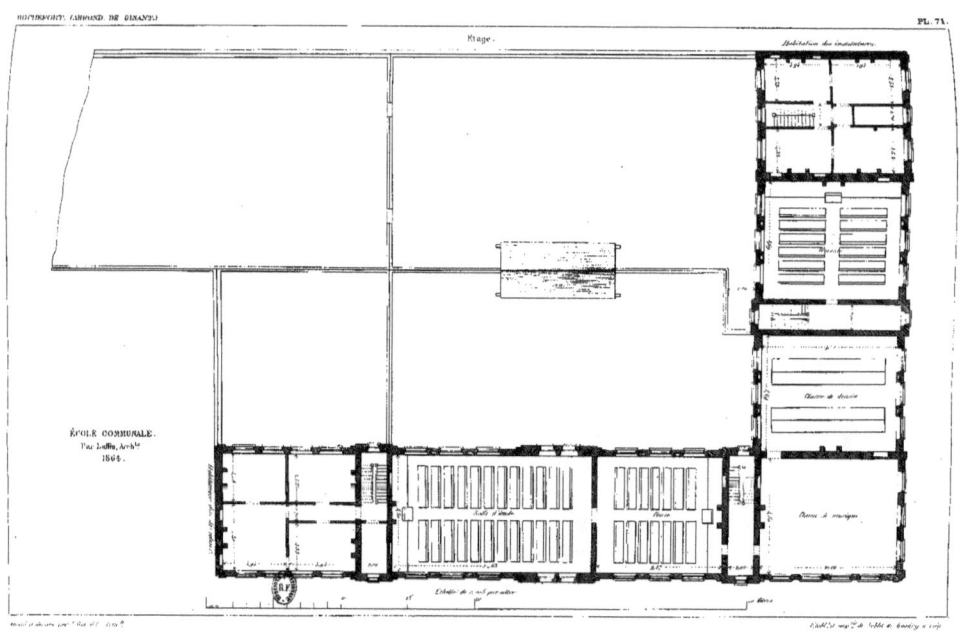

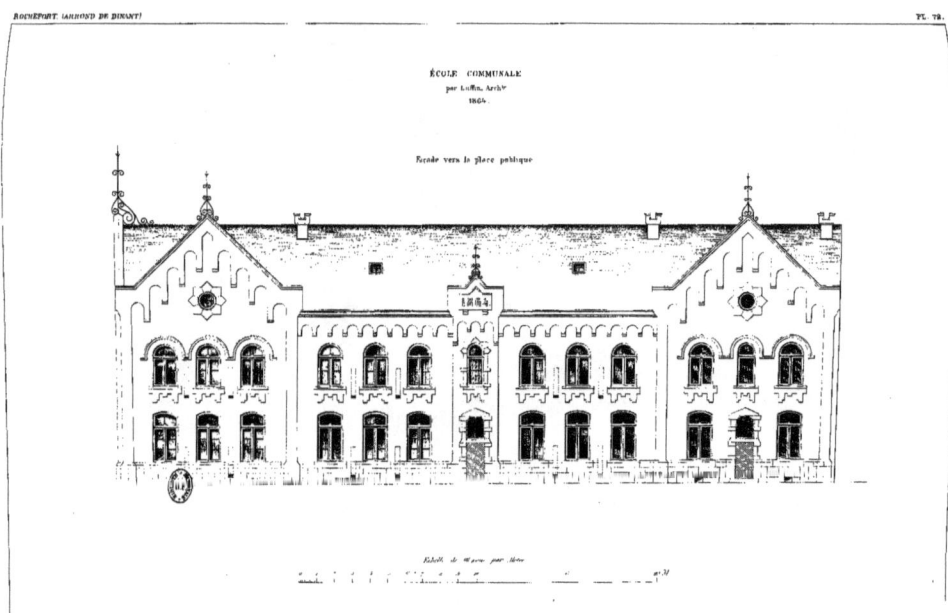

ÉCOLE COMMUNALE
par Lutfin, Arch.te
1864

Façade vers la place publique

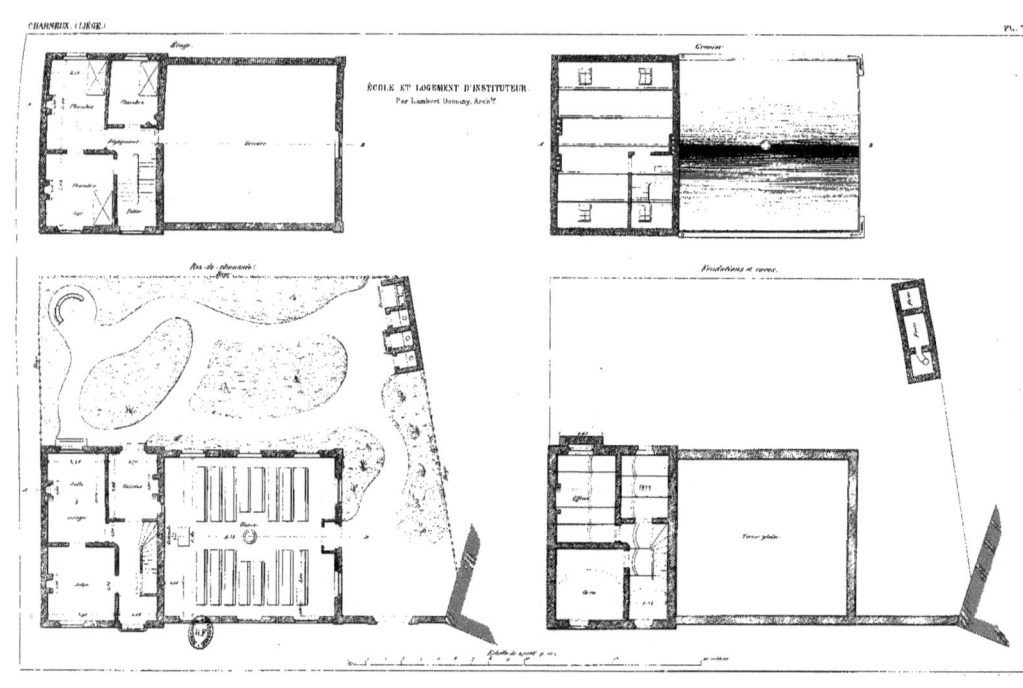

CHARNEUX. (LIÉGE.) PL. 74.

Façade latérale

ÉCOLE ET LOGEMENT D'INSTITUTEUR
Par Lambert Demany, Arch.te

Coupe longitudinale

Façade postérieure

Façade principale

Échelle de 0,0044 p. m.

JEMEPPE LEZ LIÉGE.   PL. 75.

A Abri
B Lit de repos
C Porte exemples
D Tables
E Poêles
F Tableaux noirs
G Boulier
H Bancs stalles
I Lambris
J Bancs d'études
K Bancs tables pour repas des enfants
L Case à paniers
M Dépôt des
N Étude ou Parloir
O Bains des enfants
P Bains communs
Q Armoire
R Salle à manger de la Direction
S Lavoir
T Cuisine
U Escalier des chambres de l'étage
V Vestibule

ÉCOLE DE GARÇONS ET DE FILLES, ASILE OU ÉCOLE GARDIENNE ET HÔTEL COMMUNAL
par Dejardin Architecte,
1864.

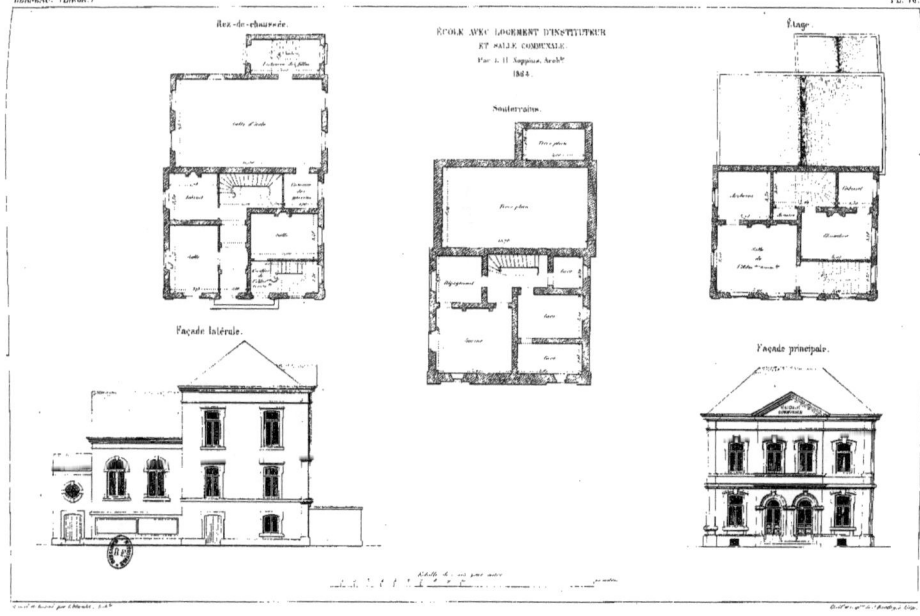

WAREMME. (LIÈGE.)
PL. 77.

JUSTICE DE PAIX ET ÉCOLES.
Par L. Blandot, Arch.^{te}
1866.

Plan de l'étage.

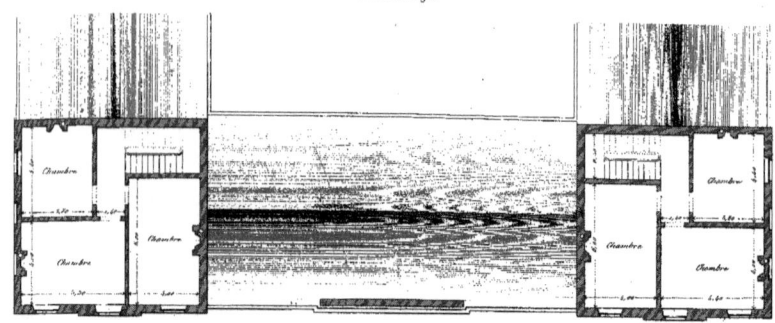

Plan du Rez-de-Chaussée.

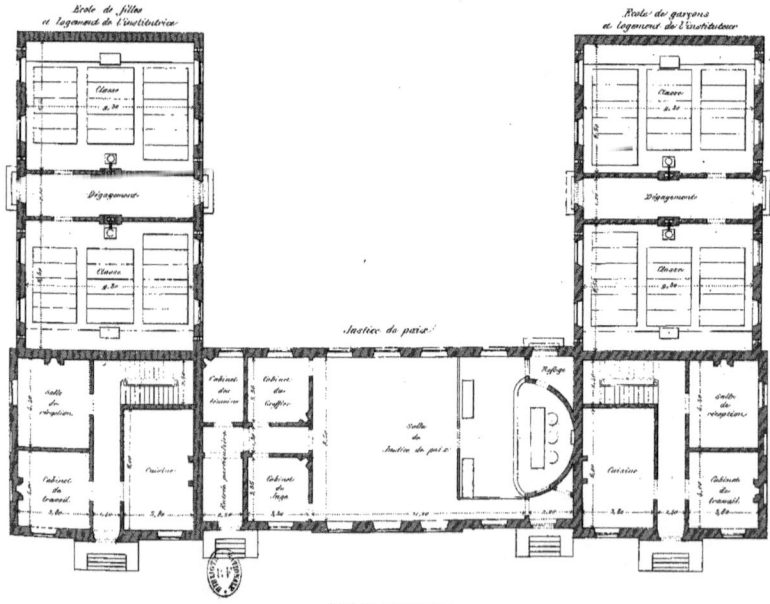

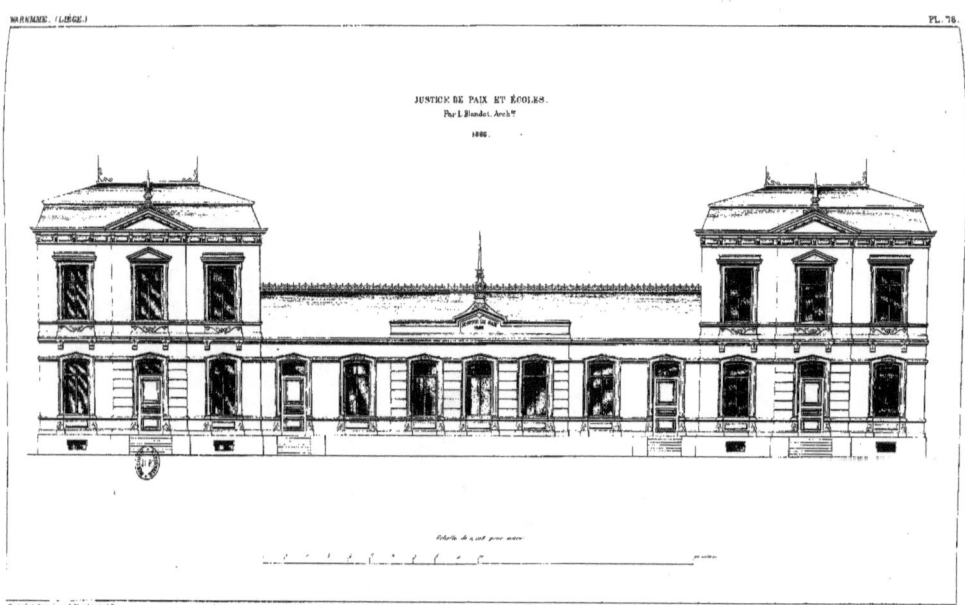

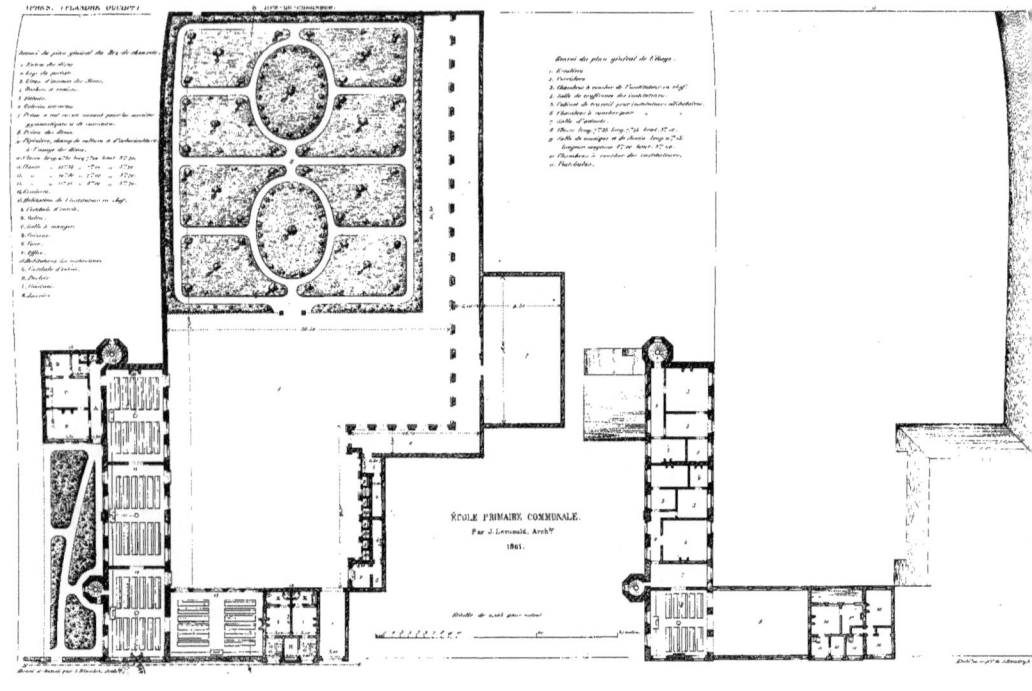

HERSTAL. (LIÉGE.) PL. 30.

PROJET D'UN BATIMENT D'ÉCOLE POUR LES DEUX SEXES.
AVEC HABITATIONS.
Par Émile Demany, Arch.^{te}

Façade principale.

Plan du Rez-de-chaussée.

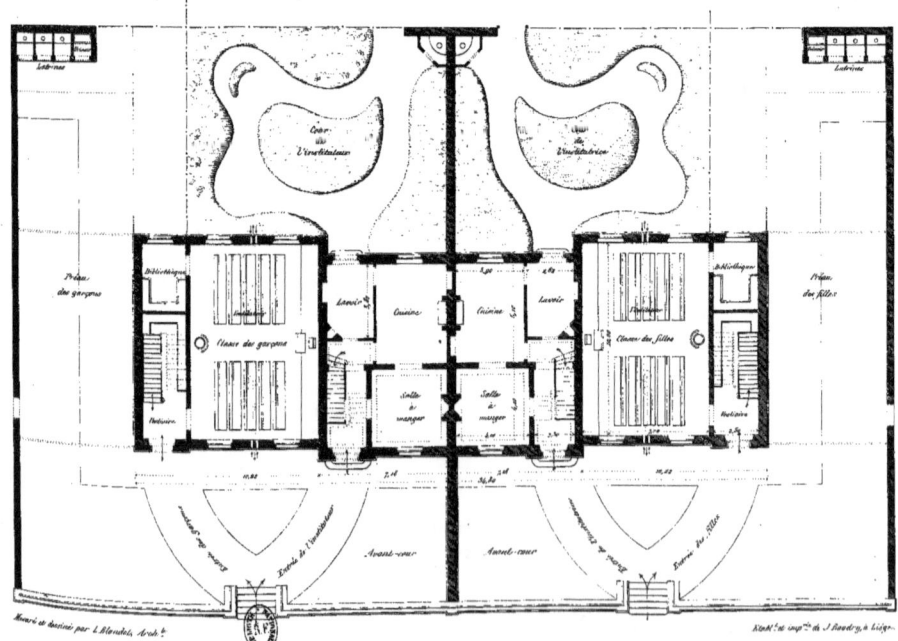

WARNETON. (FLANDRE OCCIDLE) Pl. 81.

ÉCOLE AVEC LOGEMENT POUR L'INSTITUTEUR
ET 18 PENSIONNAIRES.
Par Lernould, Arch.te
Façade principale.

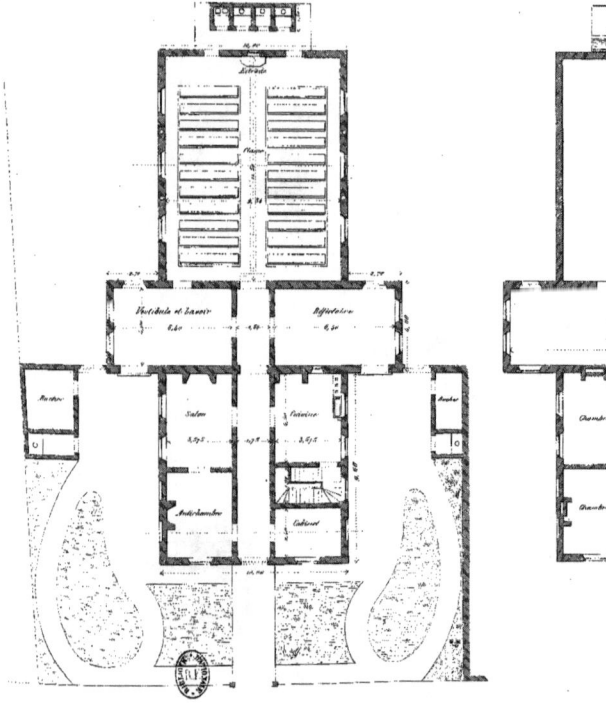

Rez-de-chaussée.   Etage.

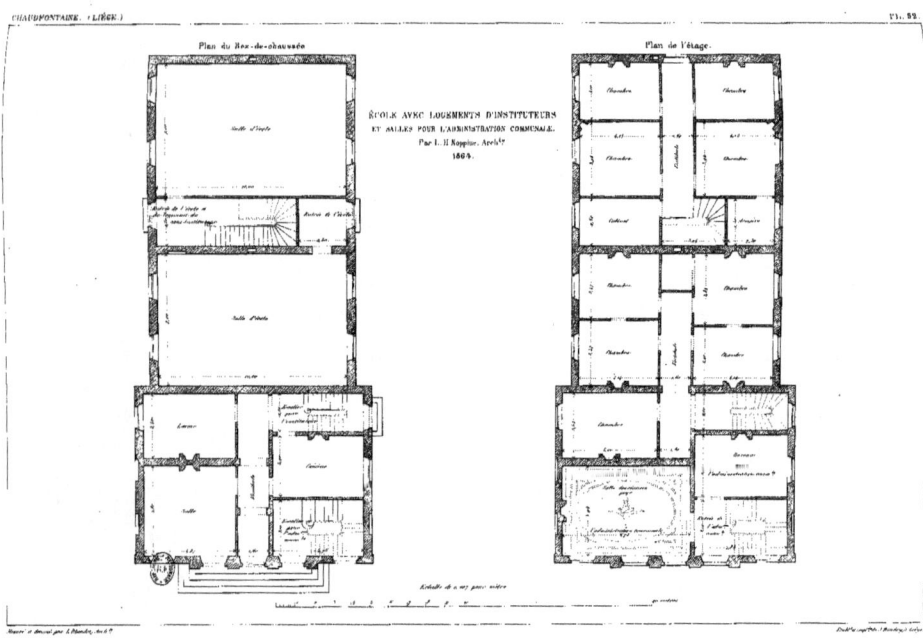

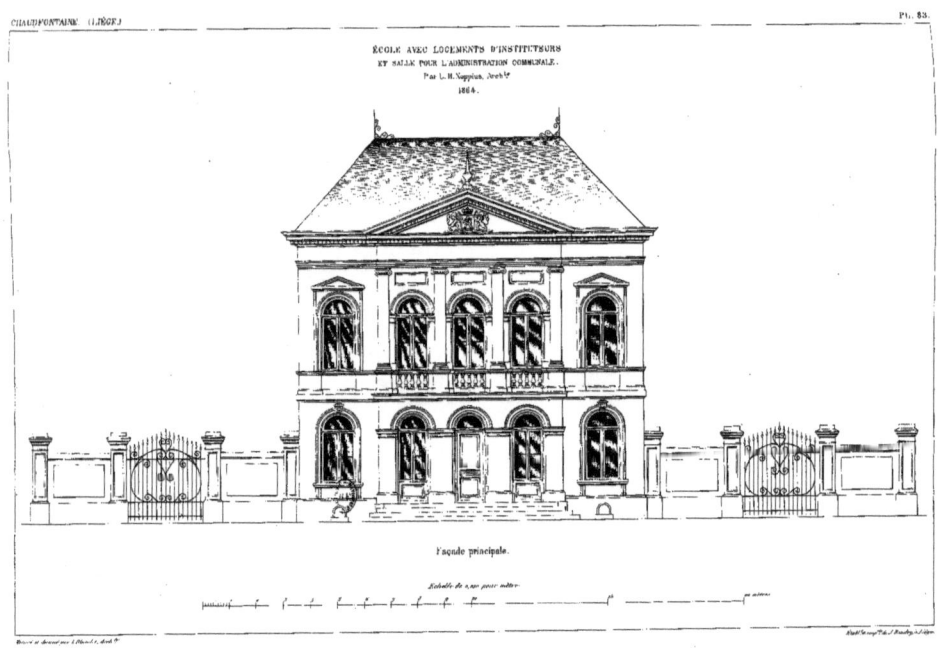

HEURE-LE-ROMAIN. (LIÈGE.) PL. 84.

ÉCOLE AVEC LOGEMENTS D'INSTITUTEUR ET D'INSTITUTRICE
ET LOCAUX POUR L'ADMINISTRATION COMMUNALE.
Par Lambert Demany, Arch.te

Rez-de-Chaussée.

HEURE-LE-ROMAIN (LIÈGE.) PL. 85.

ÉCOLE AVEC LOGEMENTS D'INSTITUTEUR ET D'INSTITUTRICE
ET LOCAUX POUR L'ADMINISTRATION COMMUNALE.
Par Lambert Demany, Arch.te

Plan des caves et des fondations.

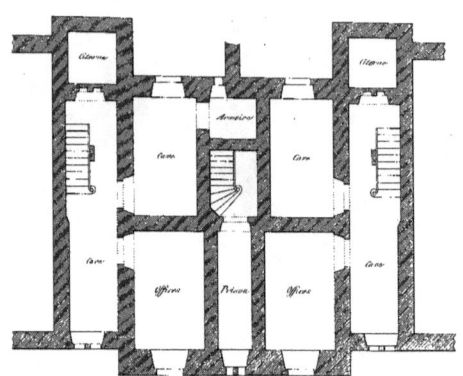

Plan de l'étage.

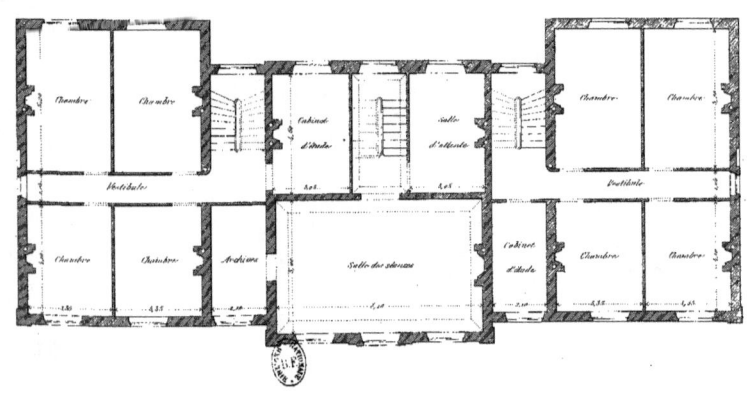

Échelle de 0,007 pour mètre.

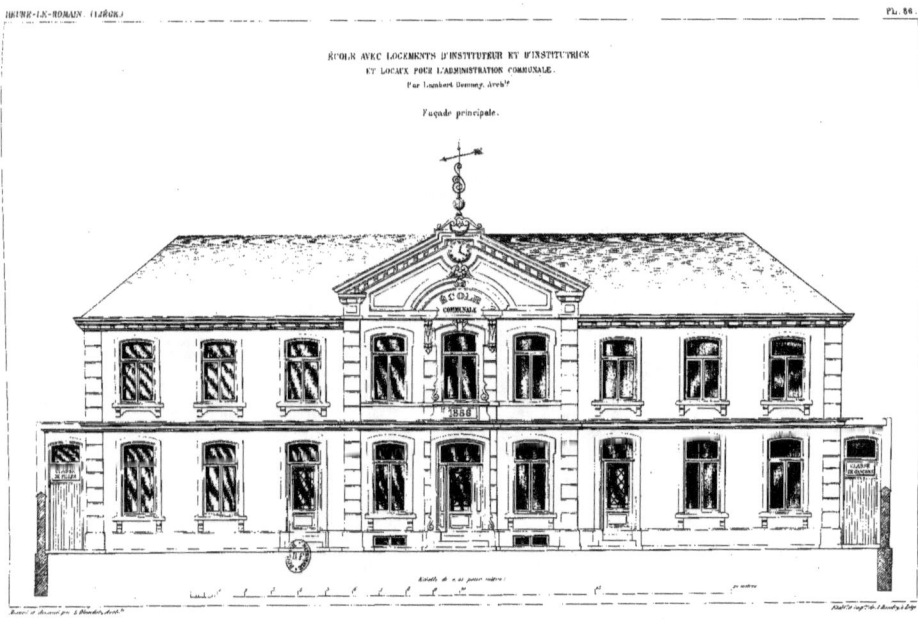

BURDINNE. (LIÉGE.) PL. 87.

ÉCOLE DE FILLES ET ÉCOLE GARDIENNE.
Par L. Blandot, Arch.te à Huy.
1866.

Plan de l'étage.

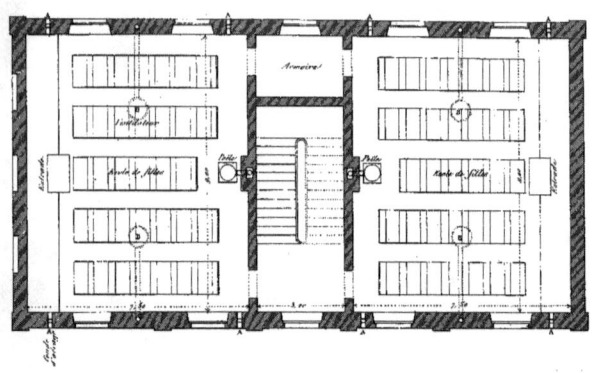

Plan du Rez-de-chaussée.

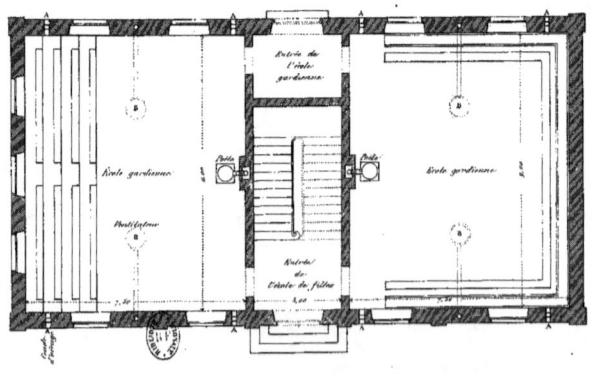

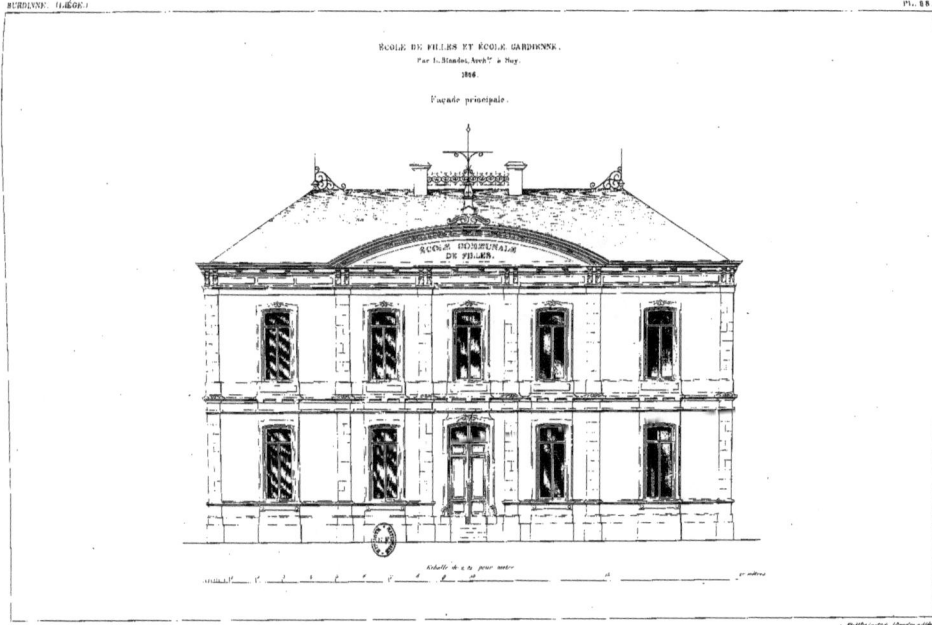

MONTS DE GODINE, COMMUNE DE GODINE. (NAMUR.)

PL. 89.

Façade principale.

Façade latérale.

ÉCOLE AVEC LOGEMENT D'INSTITUTEUR.
Par Luffin, Arch.te
1862.

Rez-de-chaussée.

Étage.

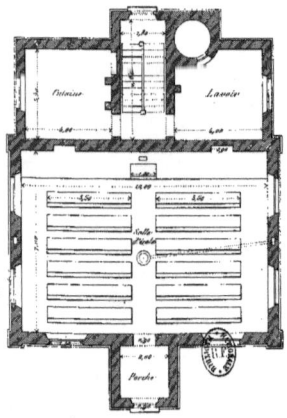
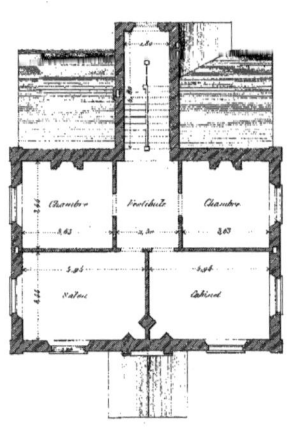

PL. 90.

ÉCOLE COMMUNALE AVEC LOGEMENT D'INSTITUTEUR.
Par Viernot, Codin, Arch.te
1867.

Plan de l'étage.

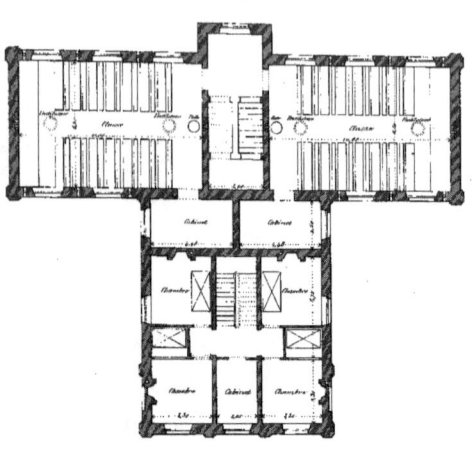

Plan du Rez-de-chaussée.

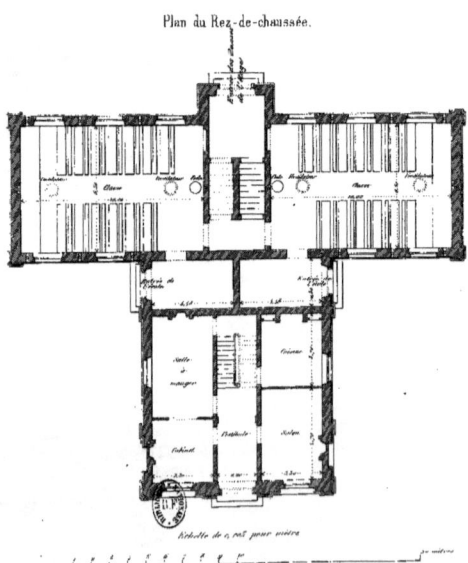

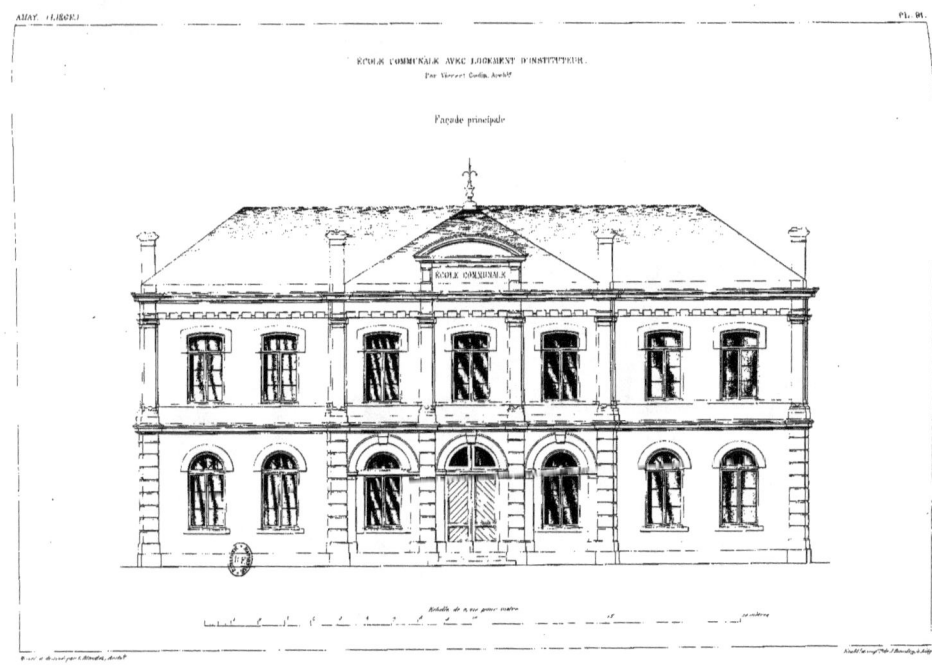

ROCOUR. (LIÉGE.) PL. 92.

ÉCOLE AVEC LOGEMENT POUR L'INSTITUTEUR ET SALLE COMMUNALE.
Par L. H. Noppius, Arch.te

Façade principale.

Plan du Rez-de-chaussée.

Plan du 2.me Étage ou grenier.

Plan de l'Étage.

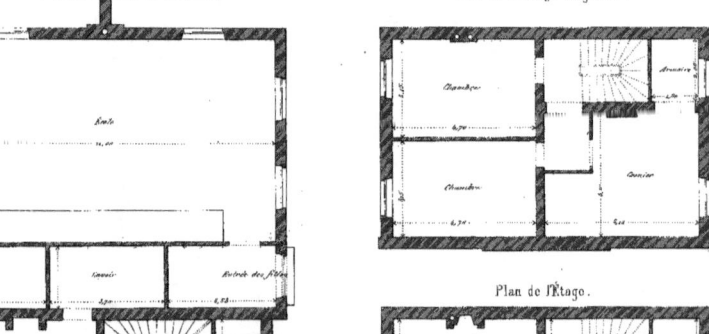

Échelle de 0,008 pour mètre.

TILFF. (LIÉGE.) PL. 93.

ÉCOLE DES DEUX SEXES.
AVEC LOGEMENTS D'INSTITUTEUR ET D'INSTITUTRICE
ET SALLE COMMUNALE.
Par Lambert Demany, Arch.te
1865.
Façade principale.

Plan du rez-de-chaussée.

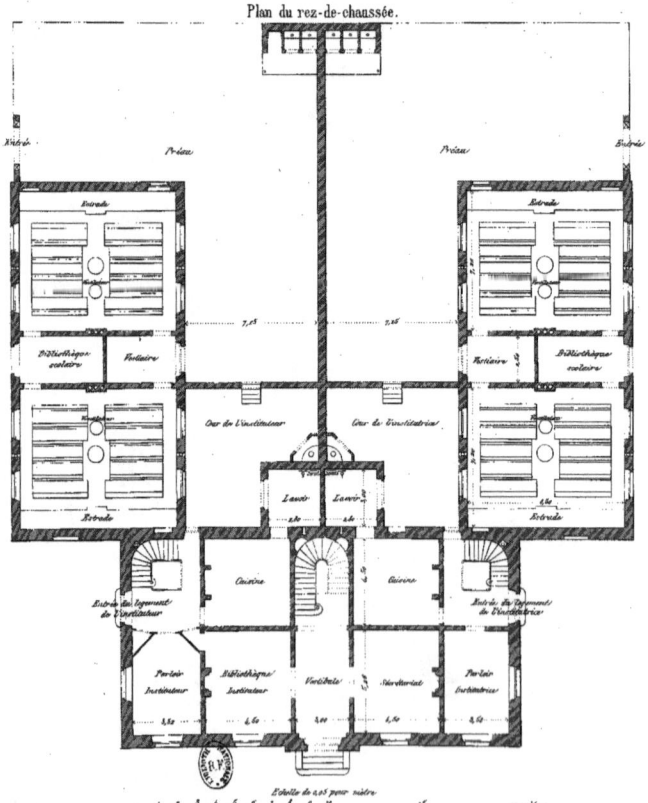

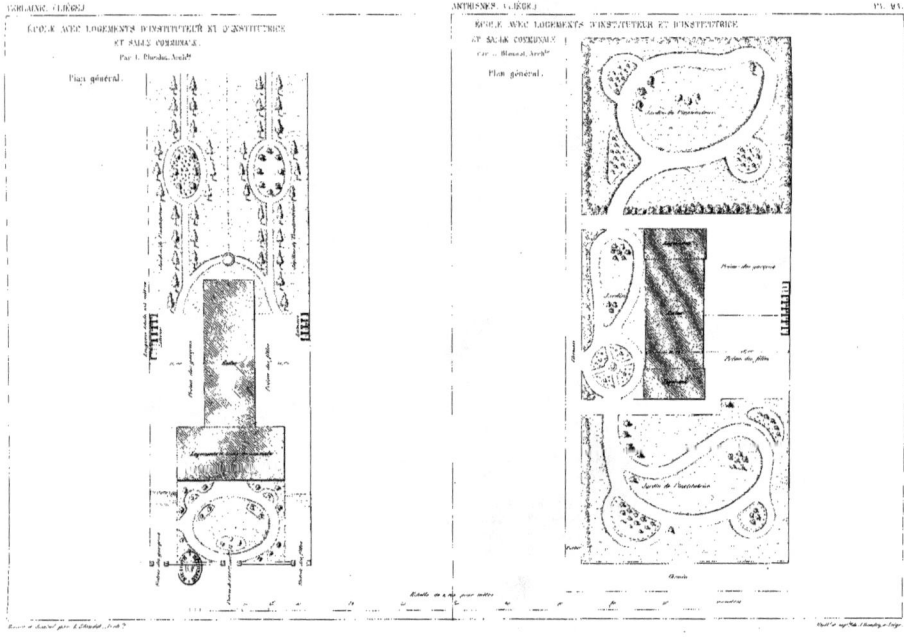

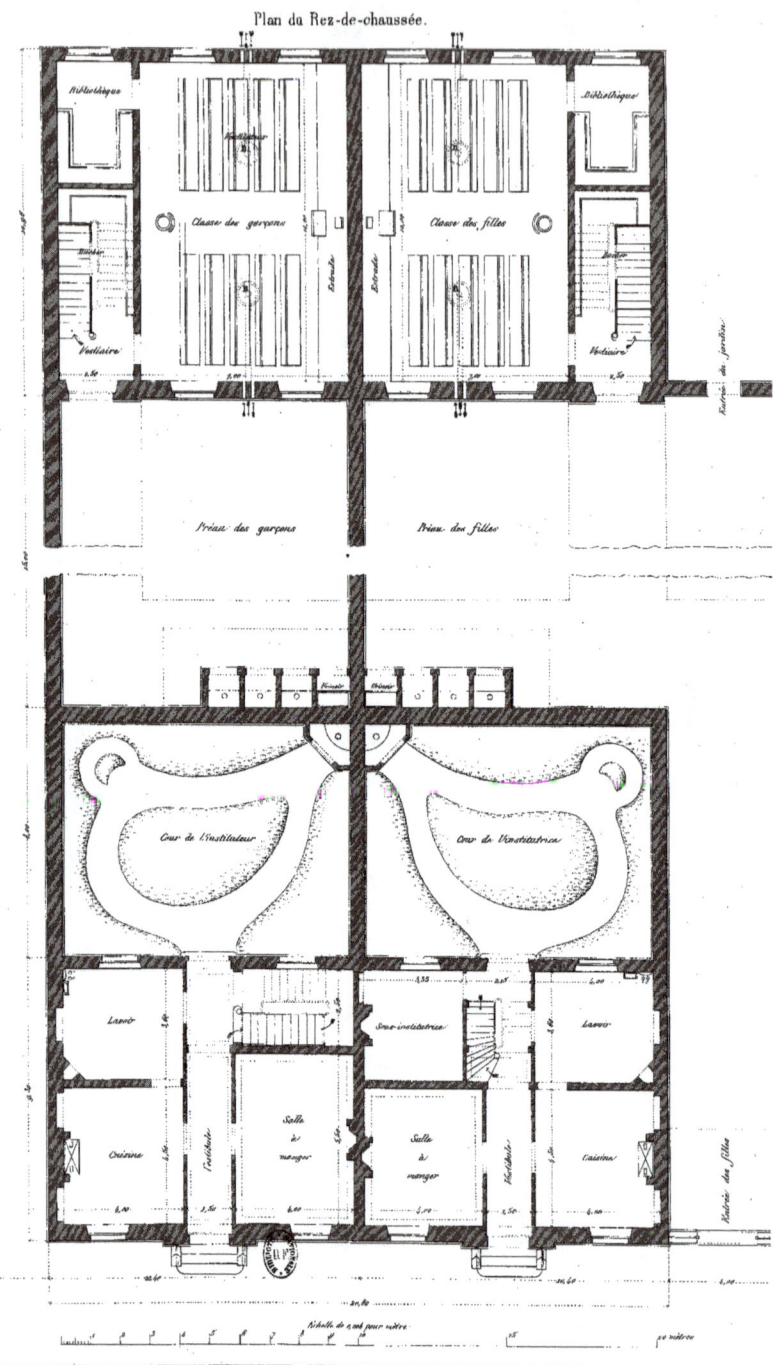

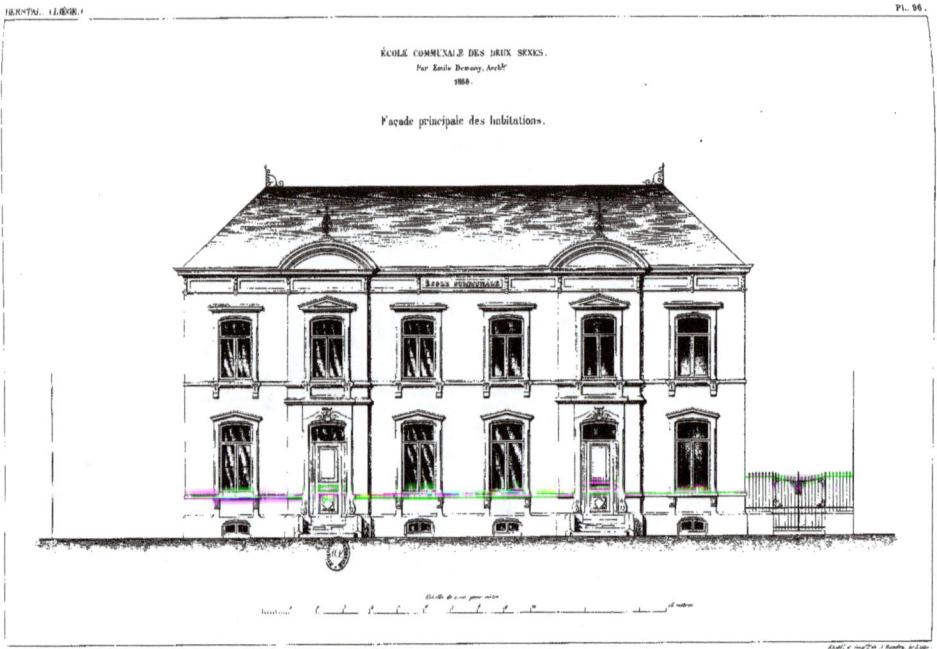

ÉCOLE COMMUNALE DES DEUX SEXES.
Par Émile Demany, Arch.te
1868.

Façade principale des habitations.

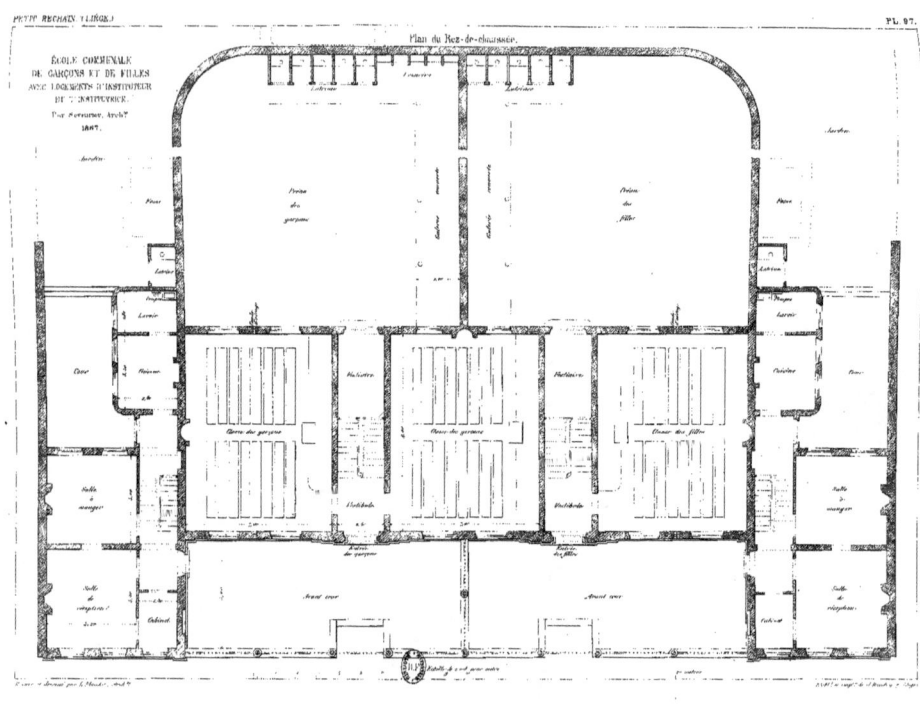

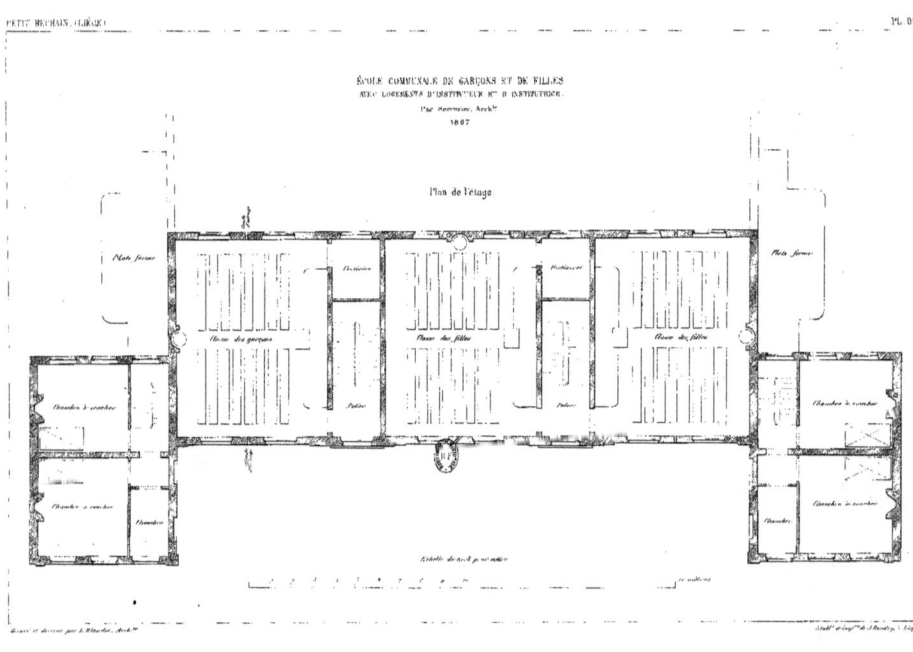

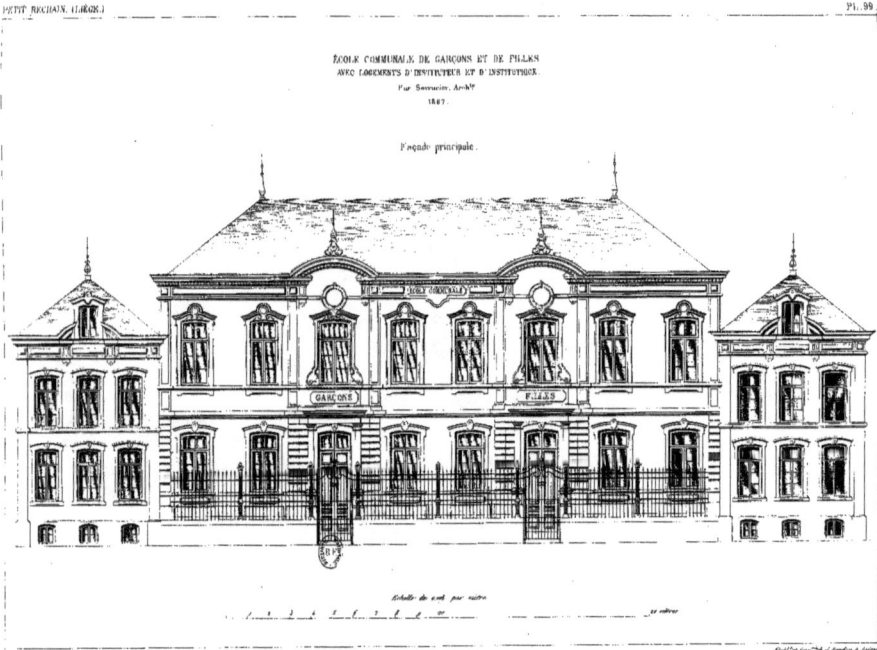

STRÉE. (LIÈGE.)   PL. 100.

ÉCOLE AVEC LOGEMENT D'INSTITUTEUR
Par L. Blandot, Arch.te
1867.

Façade principale.

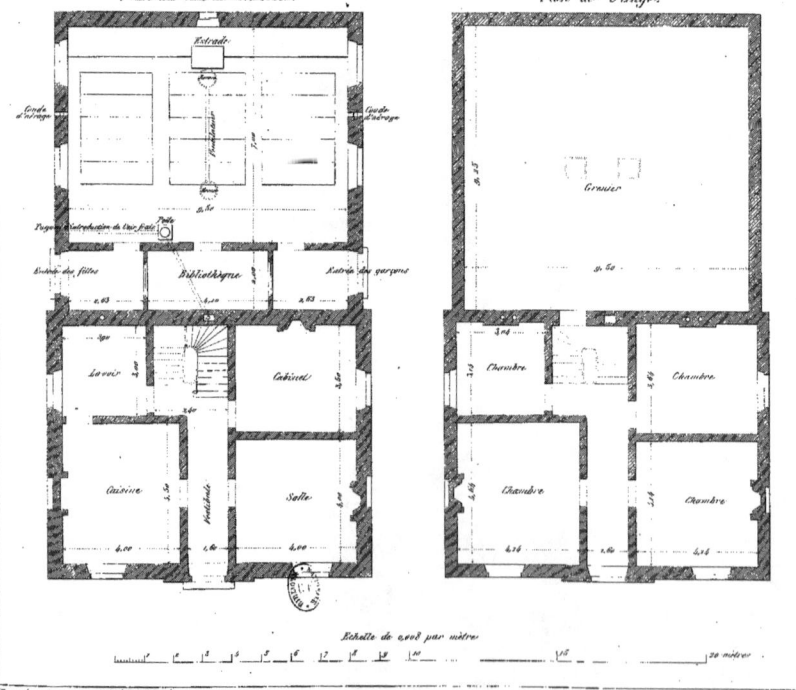

Plan du Rez-de-chaussée.   Plan de l'étage.

Échelle de 0,008 par mètre.

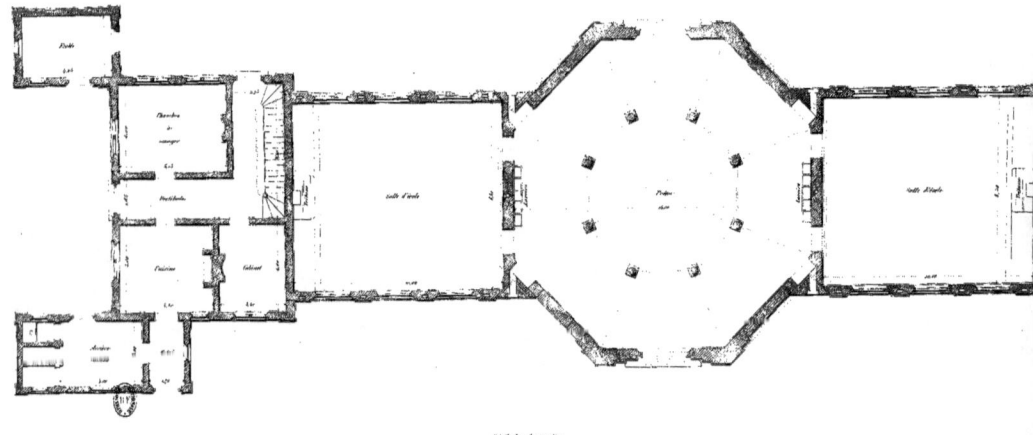

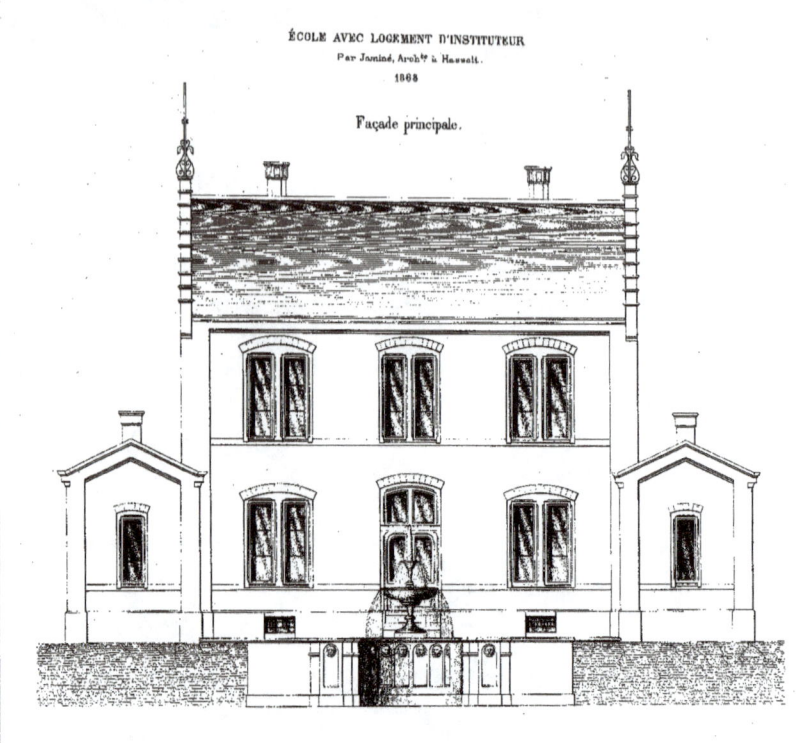

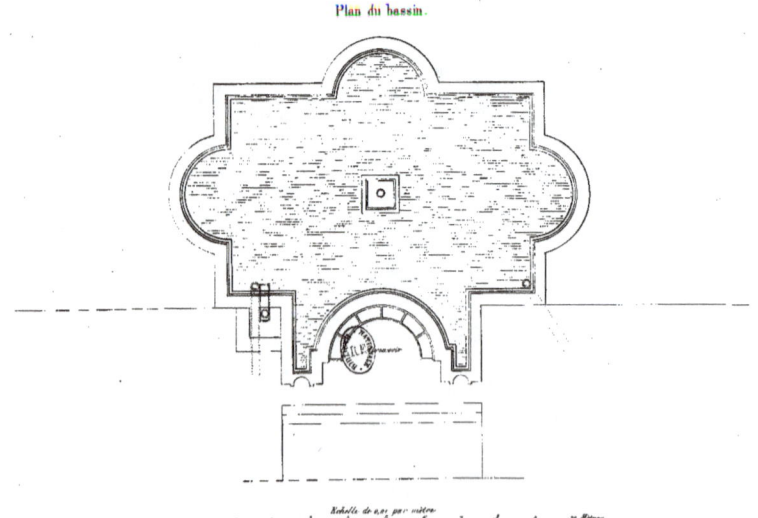

Façade du côté du chemin de fer.

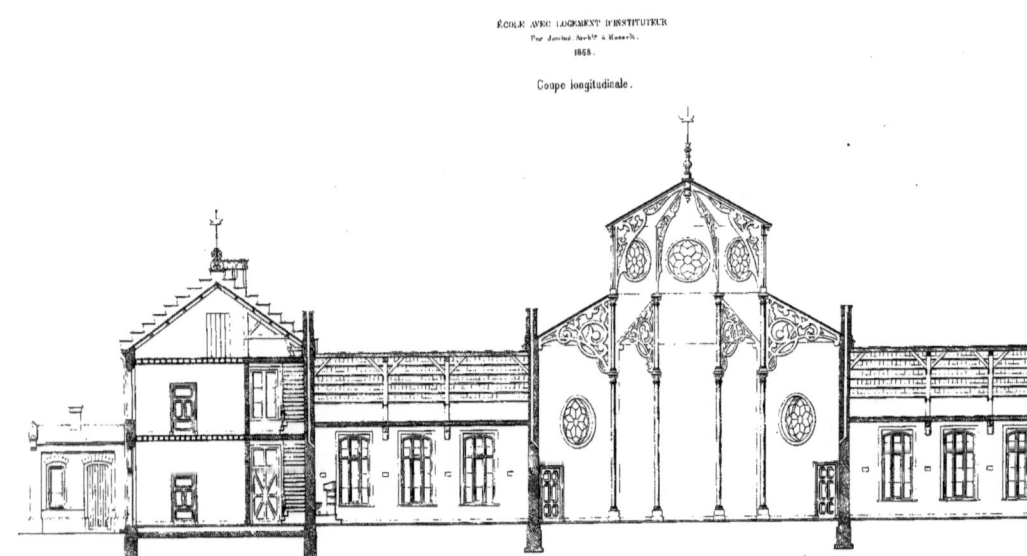

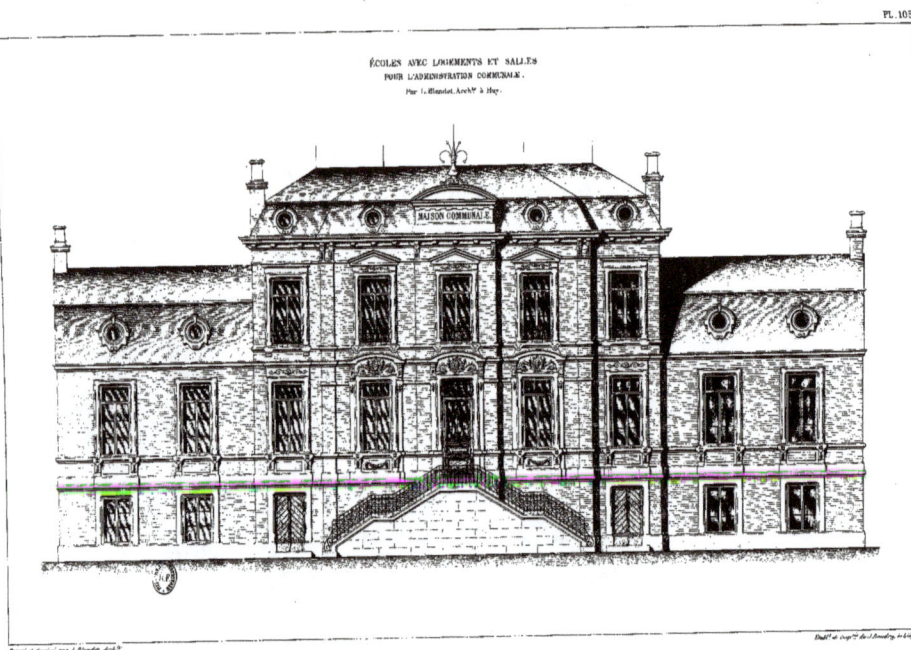

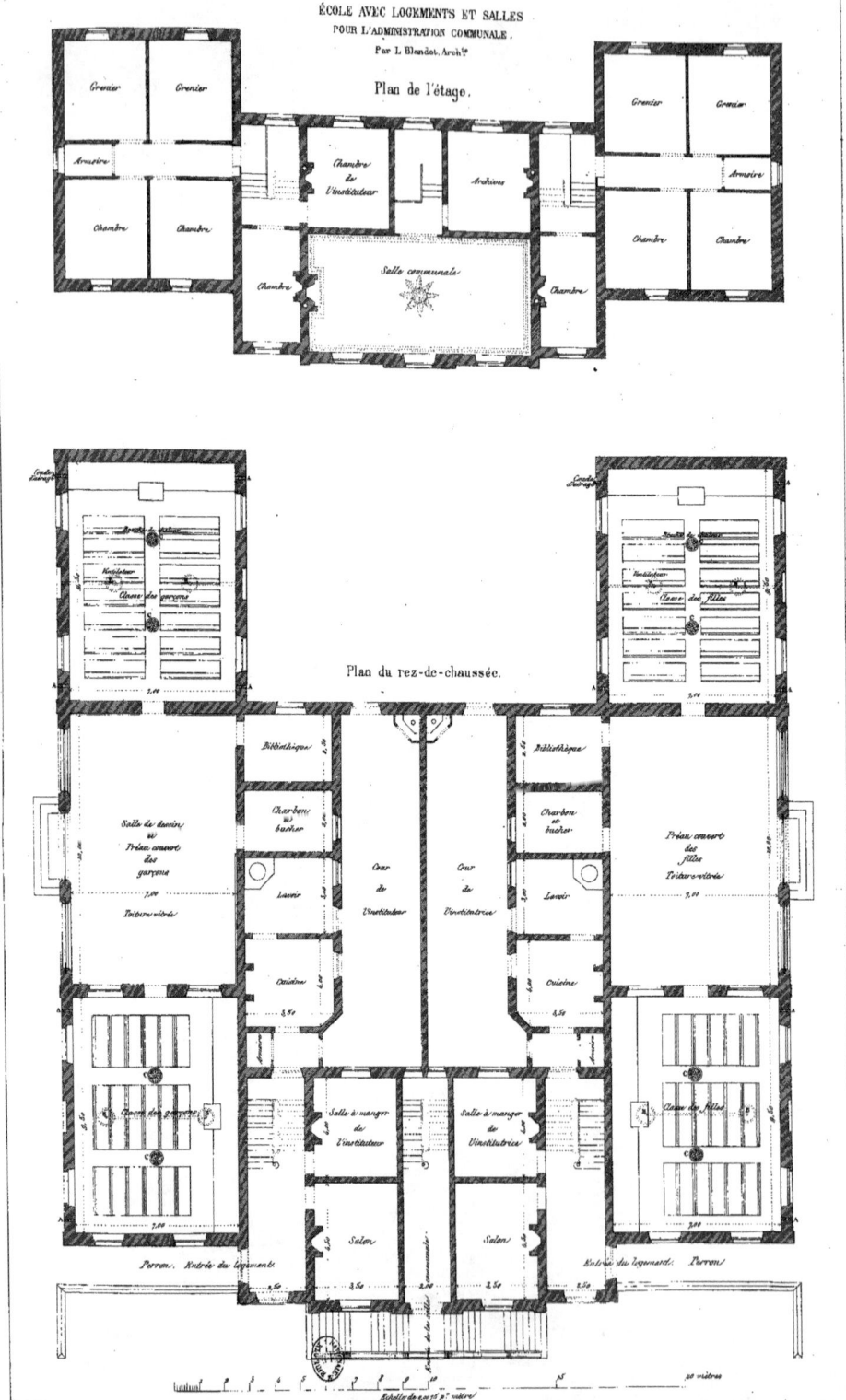

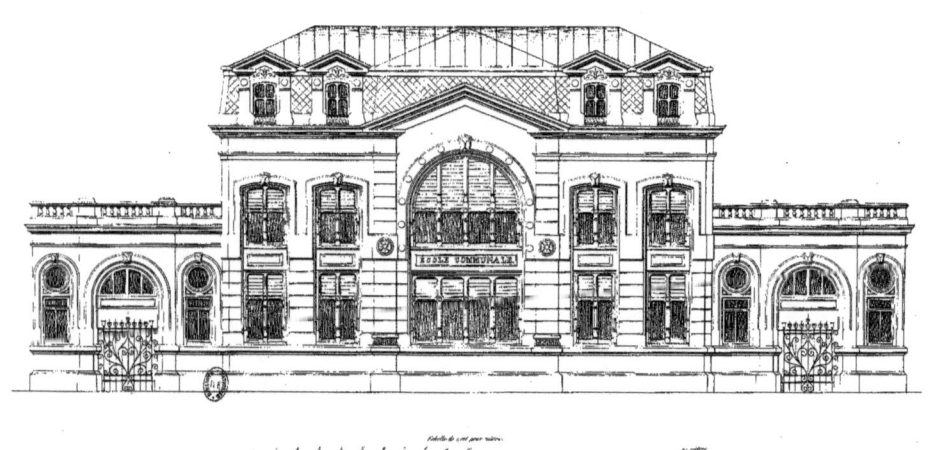

ÉCOLE COMMUNALE DE FILLES ET ÉCOLE GARDIENNE
AVEC HABITATIONS.
Rue des Hospices.
Par E. Libeau, arch.te
1868.

Façade principale.

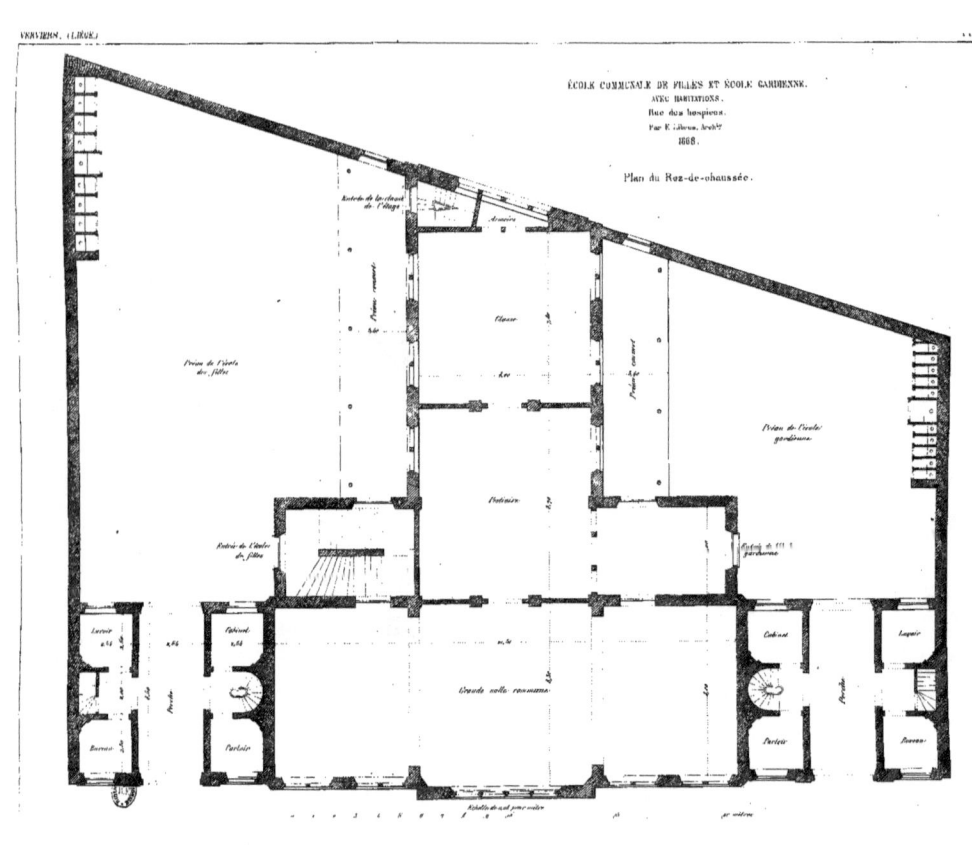

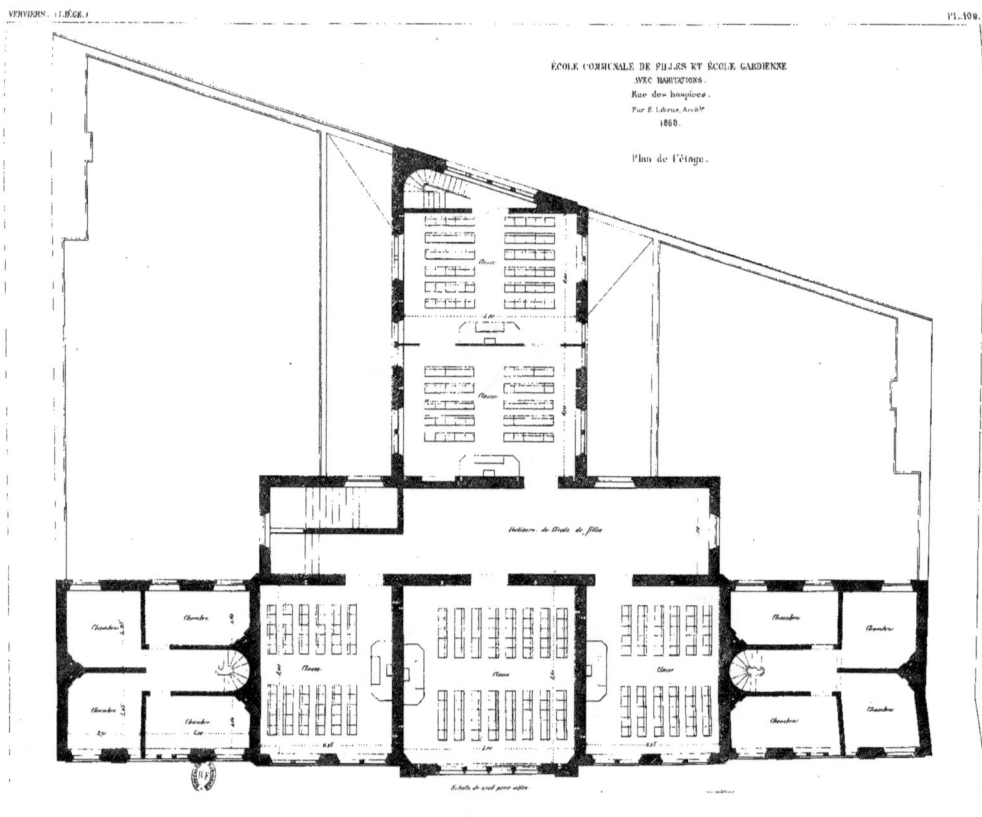

DALHEM. (LIÈGE.)
PL. 110.

ÉCOLE DE GARÇONS ET DE FILLES
AVEC LOGEMENTS D'INSTITUTEUR ET D'INSTITUTRICE.
Par L. Gaspard, Arch.te
1867.

Plan de l'étage.

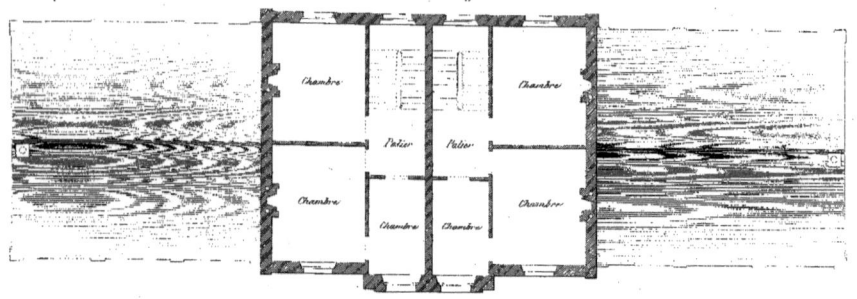

Plan du Rez-de-chaussée.

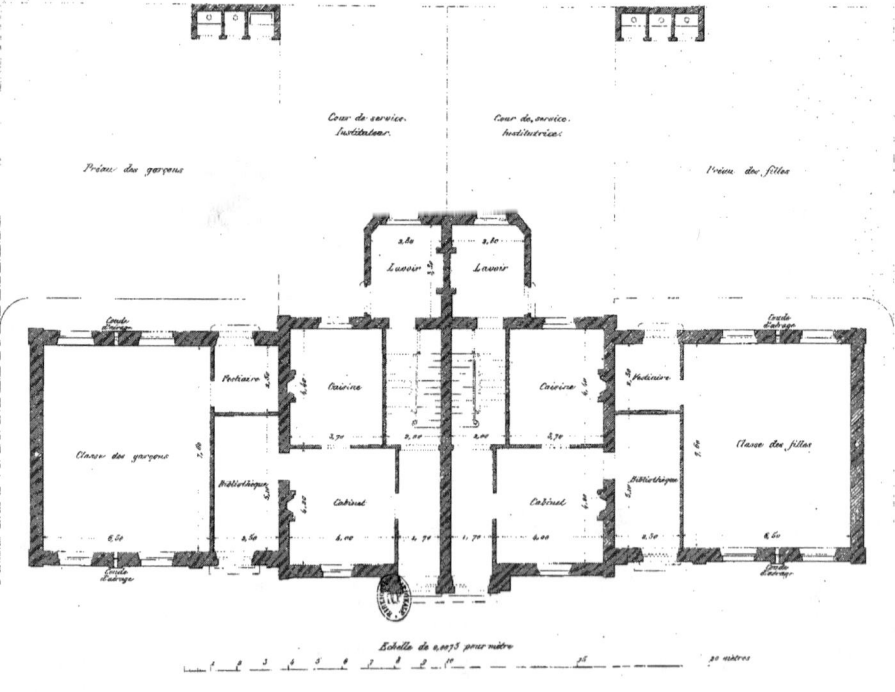

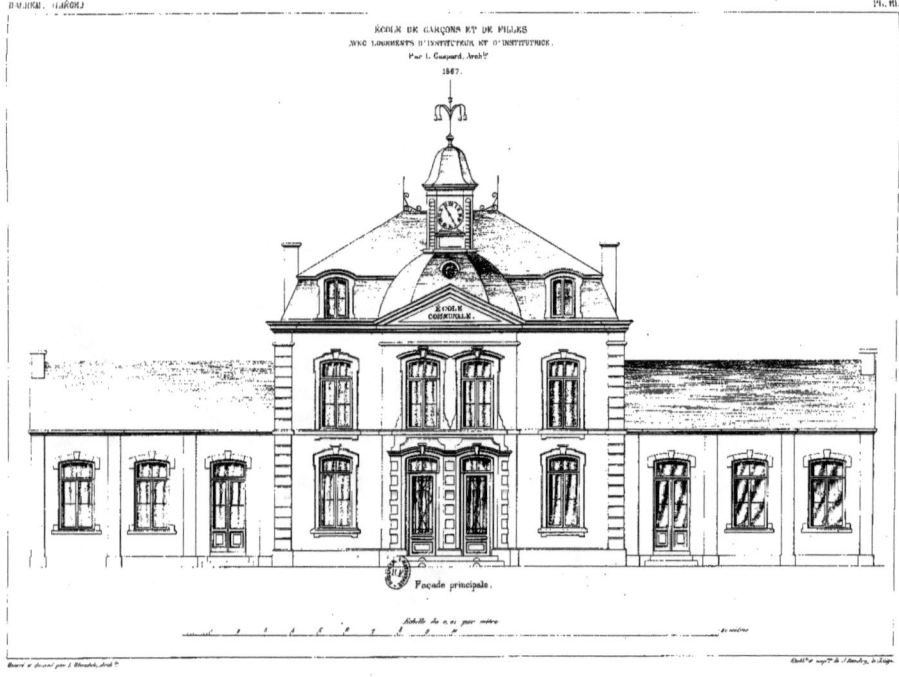

VILLERS-LE-TEMPLE (LIÈGE)

ÉCOLE AVEC LOGEMENT D'INSTITUTEUR
ET SALLE COMMUNALE.
Par Vierset-Godin, Arch.te
1865.
Étage.

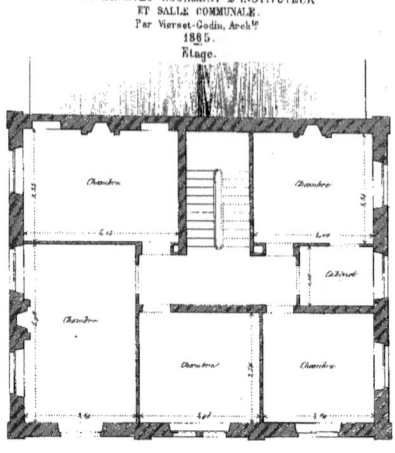

Rez-de-chaussée.

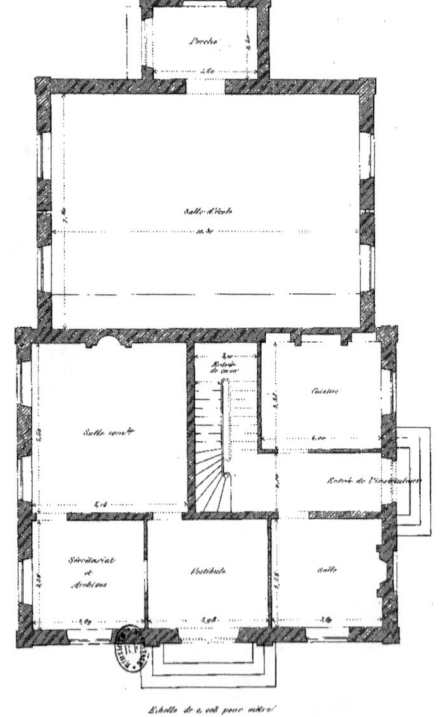

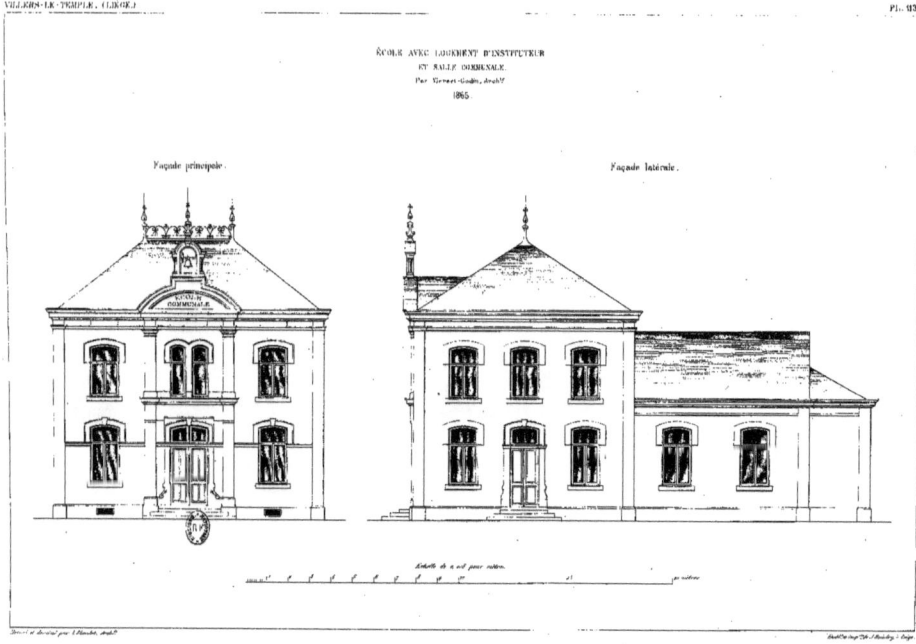

APPAREILS DE VENTILATION.

PROJET DE PLAN D'ENSEMBLE
POUR UNE PETITE ÉCOLE

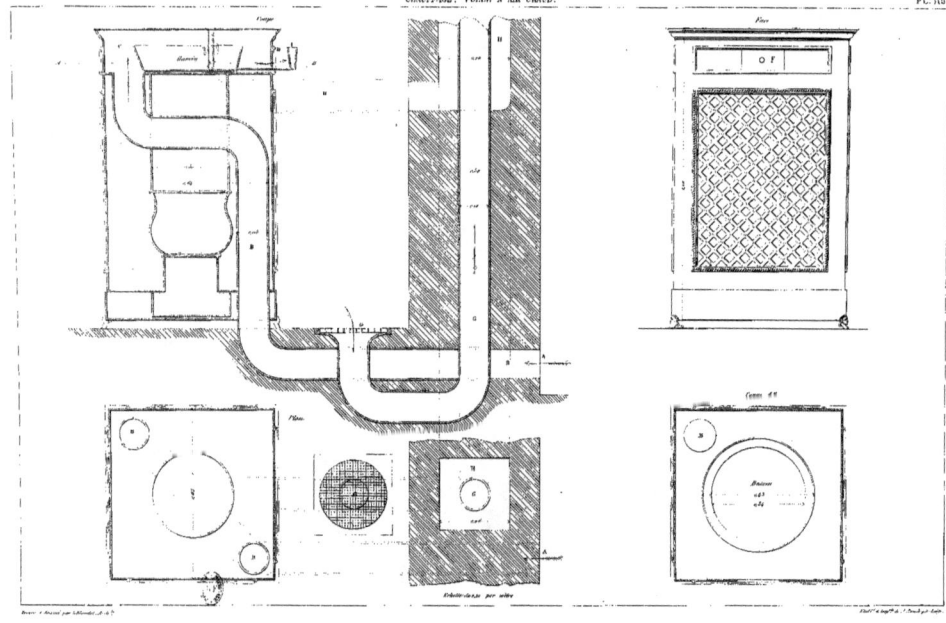

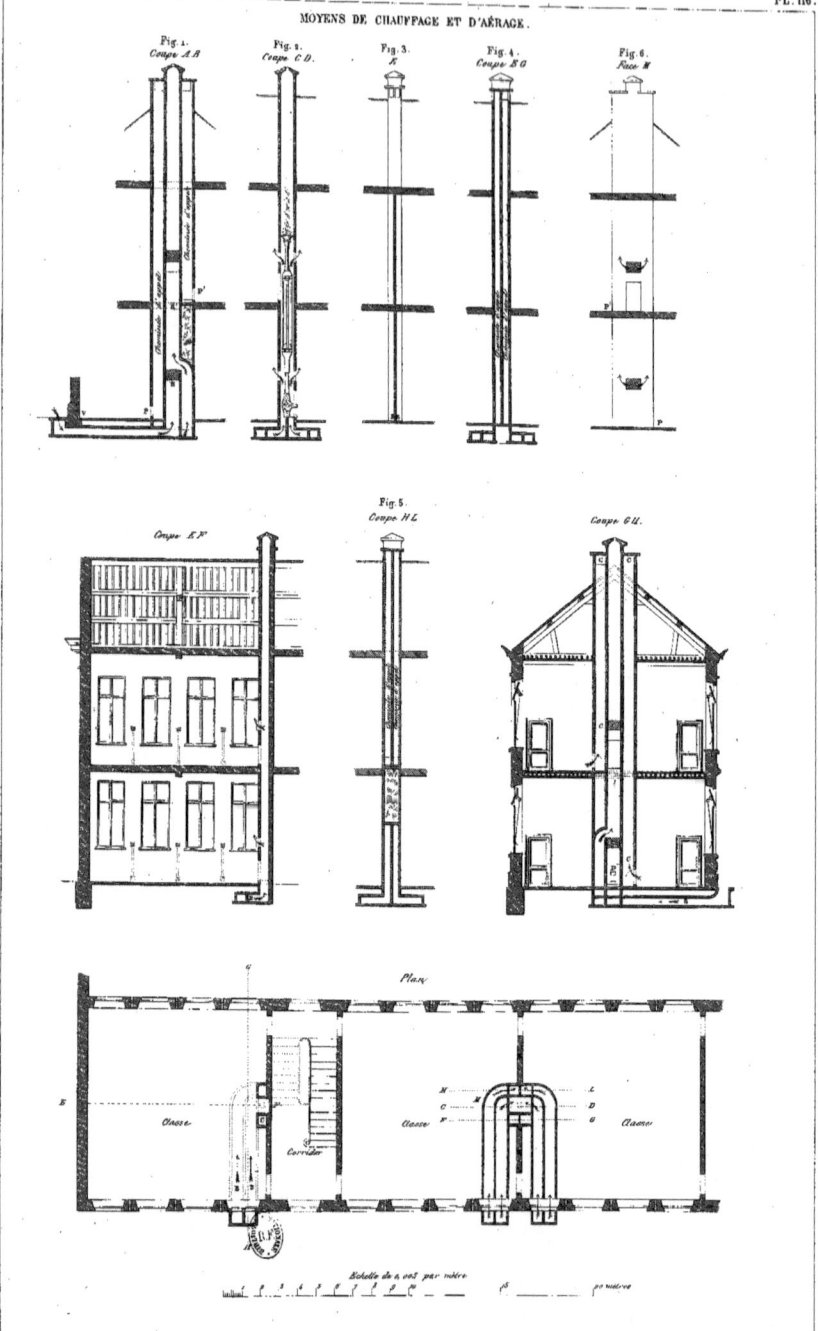

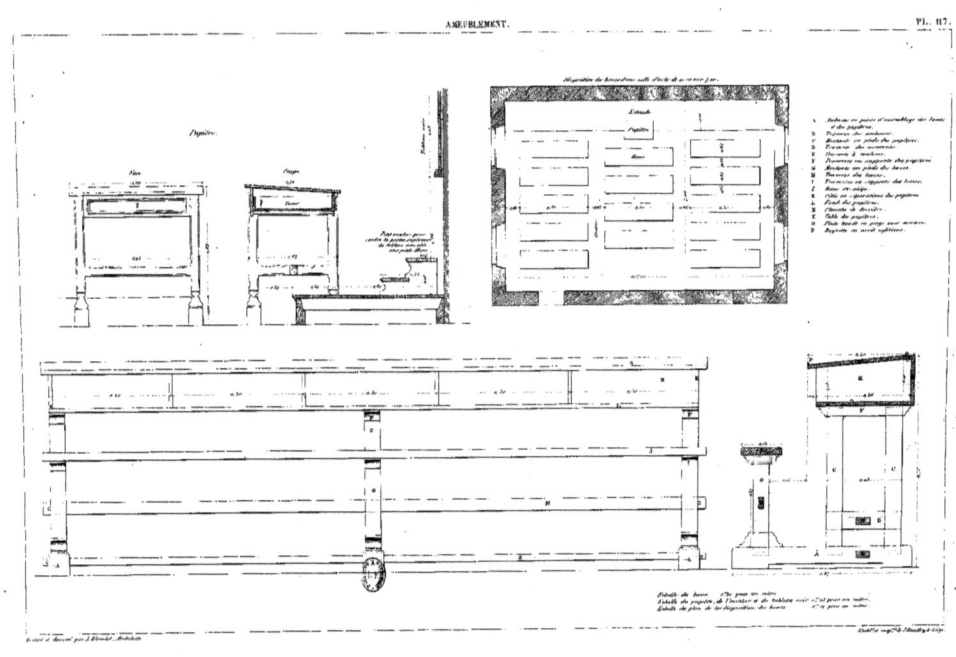

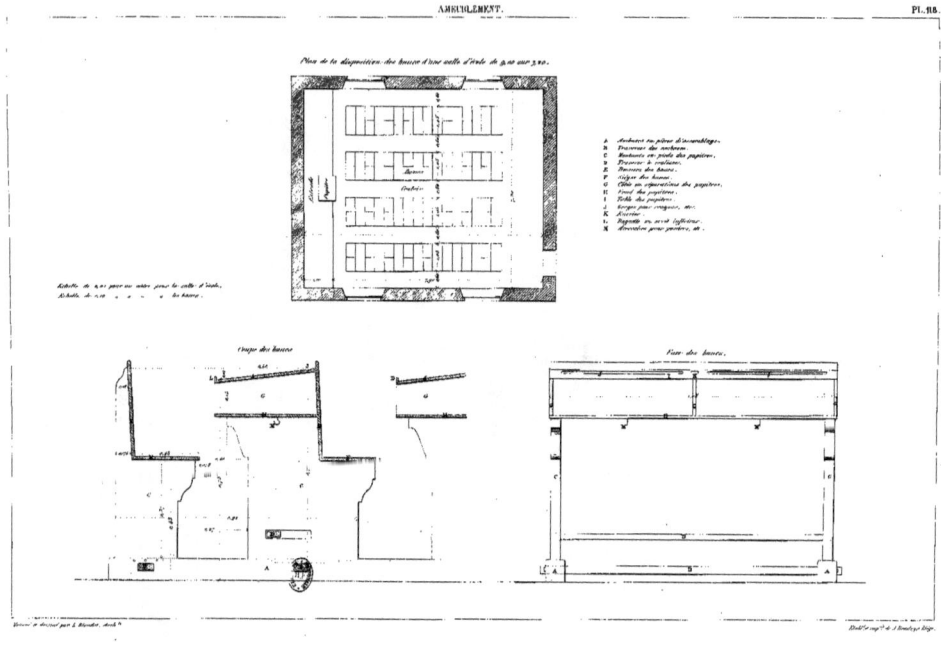

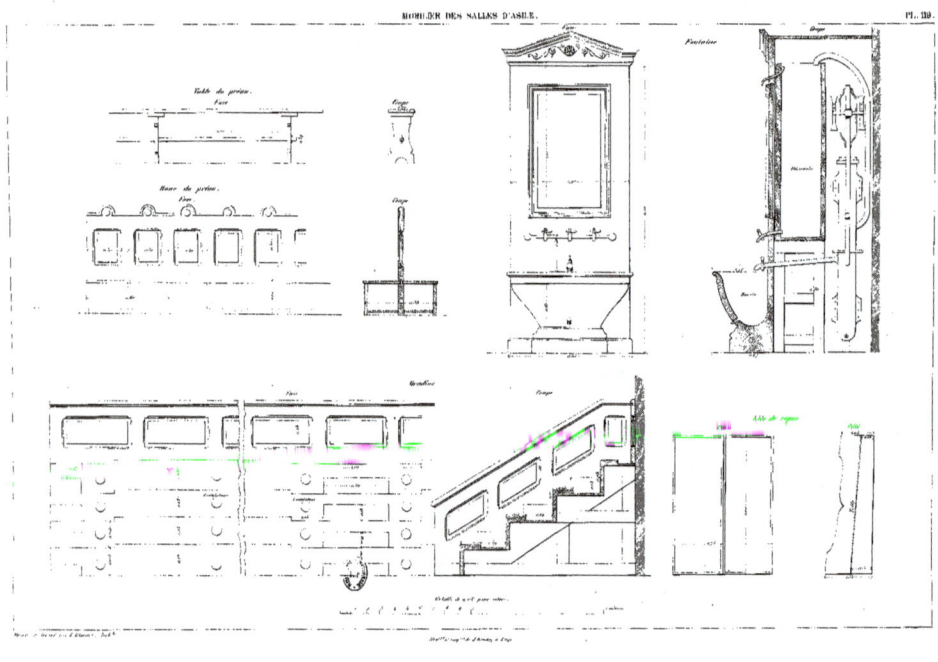

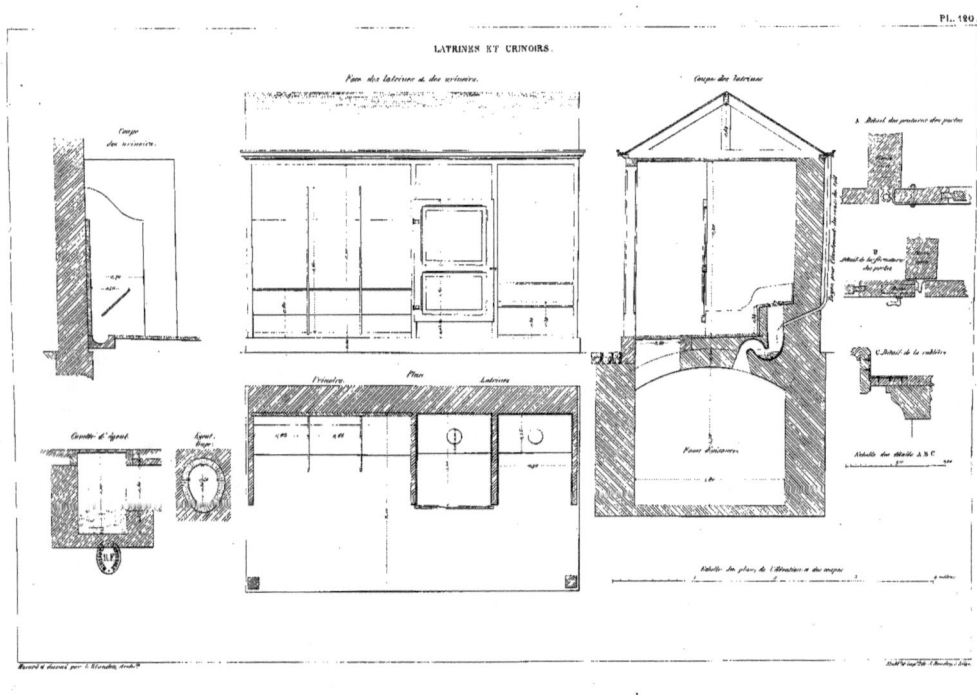

www.ingramcontent.com/pod-product-compliance
Lightning Source LLC
Chambersburg PA
CBHW070629170426
43200CB00010B/1958